그냥, 경주가 좋아서

4개월간 3번의 경주 여행 이야기

김민식 지음

초대장

4개월 3번의 경주여행으로 초대합니다.

2023년 12월 5일 – 12월 8일
2024년 3월 11일 – 3월 15일
2024년 4월 15일 – 4월 18일

유별히도 몸과 마음이 차가웠던 길고 어두운 겨울. 따뜻한 희망의 땅을 찾는 철새가 되어 4개월간 3번 경주로 여행을 떠났습니다. 처음은 아내 혜원을 위한, 다음은 우리를 위한, 마지막은 나를 위한 여정이었습니다.

경주는 얼어붙은 계절에 떨고 있던 저를 말없이 따뜻하게 품어주었습니다. 경주가 준 마음의 평안, 그곳에서 만난 사람들의 친절한 인사. 곳곳에서 돋아난 감사와 위안의 순간들을 나누고 싶습니다.

경주 여행의 필수 코스나 꼭 먹어봐야 하는 음식, 나만의 여행 꿀팁 같은 유용한 정보는 없습니다. 여행보다는 머무름에 가까운 시간이었거든요.

대신 13일간의 경주에서 마주한 일상의 행복과 사랑, 감동과 감탄 그리고 후회와 반성의 나날을 기록으로 남겼습니다. 책을 처음 펼쳤을 때의 기대와 달랐다면 미안합니다. 그래도 괜찮으시다면, 저의 가볍고 무용한 여행 이야기를 읽으며 일상의 긴장이나 한번 풀어보면 어떨까요.

경주가 처음이든, 이미 다녀왔든 상관없습니다. 경주를 좋아하신다면 더할 나위 없죠. 지금부터 편안한 마음으로, 제 수줍은 기록의 손을 잡고 경주의 기억을 걸어보세요.

"왜 또 경주입니까?"
"그냥, 경주가 좋아서요."

목차

초대장

1부. 경주
3박 4일의 경주 여행

1) 일주일 전. 독감	9
2) 첫째 날. 아날로그	17
3) 둘째 날. 선물	27
4) 셋째 날. 커피	45
5) 마지막 날. 사람	61
6) 에필로그. 기억	69

2부. 다시 경주
4박 5일의 경주 여행

1) 2주 전. 그리움	75
2) 하루 전. 성장	79
3) 첫째 날. 재회	85
4) 둘째 날. 순간	97

5) 셋째 날. 여유	111
6) 넷째 날. 찰나	123
7) 마지막 날. 경주	133
8) 에필로그. 후유증	141

3부. 혼자 경주
3박 4일의 경주 여행

1) 망설임	149
2) 숙소	155
3) 일주일 전	165
4) 첫째 날. 봄비	169
5) 둘째 날. 혼술	195
6) 셋째 날. 처음	223
7) 마지막 날. 생각	241
8) 에필로그. 기대	251

마치며	256
보너스 쿠키	260

1부. 경주
3박 4일 경주여행

2023년 12월 5일부터 12월 8일까지의 기록.

경주. 일주일 전. 독감

"오빠. 엄마 독감이래."
"어떡해…. 괜찮으시데?"

이틀 전. 혜원이 장모님의 독감 소식을 전했다. 아내는 장모님과 일본 여행을 준비하고 있었다. 출국일이 얼마 남지 않은 시점이었고, 둘만의 오사카 여행은 취소되고 말았다.

우리는 연애 기간 몇 번이나 강릉으로 여행을 왔었다. 혜원과 나는 속까지 새파란 동해 바다에 금세 푹 빠져버렸다. 그렇게 우리는 강릉에서 신혼생활을 시작했고 지금까지도 이곳에서 지내고 있다. 혜원은 강릉에 엄마는 의정부에 살았다. 둘은 전화로 가끔 안부를 물으며 각자의 삶에 익숙해졌다. 물리적 거리만큼 마음의 거리가 멀어졌다. 모녀가 여행을 한번 가려고 하면 시간과 상황이 맞물리지 않았다. 흐지부지되기 일쑤였다.

그런 두 사람이 '이번에는 꼭!' 하며 결정했던 오사카 여행이었다. 각자가 자유롭게 향유하던 일상의 일부를 양보하며 시간을 비우고 비용을 마련했다. 숙소와 비행기 예약, 환전 준비까지 차곡차곡 쌓아두고 이제 출발만을 기다리고 있었다.

남들보다 이른 결혼으로 온전히 독립해 버린 혜원. 장모님은 예전처럼 엄마와 딸로서 함께하는, 오직 둘만의 시간을 얼마나 고대하셨을까. 혜원의 얼굴에는 당혹감과 서글픔이 가득했다.

슬프게도 장모님의 독감은 나에게서 비롯되었다. 지난달 혜원과의 도쿄 여행에서 나는 마흔 생전 단 한 번도 걸린 적 없었던 독감에 걸렸다. 그때는 한국에서 아직 독감이 유행하기 전이라 생각도 못 했던 일이었다. 나중에 알고 보니 일본은 먼저 독감이 시작되었고, 우리가 여행 중이던 때가 가장 전염성이 강했던 시기였었다.

나와 여행을 함께한 혜원도 감염을 피할 수 없었다. 우리는 현지 병원에서 치료제와 감기약을 처방받았고 다행히 아무 일 없었던 듯 다시 건강을 회복했다. 그러나 독감은 방심의 작은 틈 사이에 똬리를 틀고 숨어 있었다. 일본에서 돌아온 날 처가에서 하루 여독을 풀었다. 장모님은 타국으로 여행을 다녀온 딸과 사위를 위해 따뜻한 밥을 차려주셨다. 매정한 독감은 이 기회를 놓치지 않았다.

증상이 가볍지 않았다. 후유증도 있어서 당분간 경과를 지켜봐야 했다. 일상생활에도 차질이 있을 정도여서 해외여행은 생각할 수 없었다. 글을 쓰고 있는 지금은 건강을 회복하셨지만, 그때는 절대 무리였다.

"오사카 비행기는 취소해야겠어."
"둘 다 많이 기다렸을 텐데…."

여행에 대한 혜원의 기대감은 세계 일주를 앞둔 열기구처럼 몇 주간 커다랗게 부풀어 올라 있었다. 한순간에 팡 터져버렸다. 바람이 빠져버린 자리에는 허탈과 공허만이 남았다. 방문 너머로 비행기표를 취소하고 있는 혜원의 어깨가 보였다.

이대로 가만히 있을 수는 없었다. 무엇이든 해주고 싶었다. 혜원의 기분 전환을 위해 지금 당장이라도 떠날 수 있는 새로운 여행을 고민했다. 가

난한 자영업자가 본격적인 겨울 성수기에 진입하는 12월에 문을 닫고 여행을 떠난다니…. 이성적으로만 판단했다면 쉽게 내리지 못했을 결정이었다. 하지만 뚫려버린 감성의 구멍을 이성으로 메울 수는 없는 법이다. 나와 떠나는 새로운 여행이 엄마와의 오사카 여행을 대신할 순 없겠지만, 아쉬움만 가득한 마음에 웃음거리 하나를 놓아 주고 싶었다.

여행지는 국내로 한정했다. 여행을 다녀온 후의 주머니 사정을 고려하지 않을 수는 없었다. 조금 익숙하긴 하지만 여전히 낯선 곳, 그중에서도 혜원이 좋아했던 지역으로 골랐다. 안정 속에 새로움을 느낄 수 있는 곳. 지금 우리에게는 힘이 필요하지 않은 가벼운 여행이 필요했다.

"우리 경주에 갈래?"
"그래 가지 뭐. 언제?"
"다음 주. 벼리도 같이."
"좋아."

혼자 먼저 고민해 보고 일정까지 정한 뒤, 혜원에게 의사를 물었다. 혜원은 이유를 묻거나, 다른 곳에 가고 싶다 하지 않았다. 그냥 좋다고 했다. 우리는 일주일 뒤에 떠나기로 했다. 지난 3월에 다녀왔던 경주를 아홉 달 만에 다시 간다. 그때와 다른 점이라면 반려견 벼리와 함께하는 첫 여행이라는 것. 열다섯 살이 넘은 벼리도, 여느 때처럼 둘만이 아닌 우리도, 감당해야 할 것들이 많았지만 걱정은 하지 않았다. 사소한 불편함은 새로운 추억과 즐거움을 만드니까.

"이 숙소 어때? 한옥이라서 마당도 있어."
"괜찮아 보이네. 내가 예약할게."

강릉과 경주를 오가는 시간을 고려해서 여행 일정은 3박 4일로 정했다. 일정이 나왔으니 곧바로 숙소를 찾았다. 우리는 꼼꼼히 계획을 세우는 것보다 즉흥적으로 움직이는 걸 좋아한다. 대신 결정을 내린 후의 행동이 빠르다. 일단 각자가 여러 숙소 플랫폼을 검색해 보고 자료를 한데 모아 다시 비교했다. 수십 개의 숙소 중 애견 동반이 가능한 곳을 필터링했다. 그중 제일 차분하고 편안해 보이는 한옥스테이를 예약했다. 여행 코스는 없지만 꼭 가보고 싶은 행선지 몇 개도 정했다. 혜원은 경주 여행을 준비하는 동안 상심했던 마음을 조금씩 지워갔다. 깨끗해진 마음 위에는 벼리와 함께 할 첫 여행에 대한 설렘을 그려 넣었다. 그녀가 다시 여행 모드에 들어갔다.

"경주 간다! 경주!"
"그렇게 좋아?"

    나도 모르게 긴장의 끈을 놓쳐버렸다. 눈치를 좀 챙겨야 했었는데. 어느새 나는 여행의 주인공인 혜원보다 두근거림을 느끼고 있었다. 여행은 아직 일주일이나 남아있었지만 이미 신이 날 대로 나버렸다. 지난 3월 이후, 경주에서 머물렀던 시간의 단편이 떠오를 때마다 그리워했다. 장모님의 독감과 혜원의 여행 취소. 불과 며칠 전에 일어난 비극도 잊어버릴 만큼 나는 경주를 좋아하고 있었나 보다.

모난 곳 없이 동그란 고분 아래서 한가로이 소풍을 즐기던 경주 사람들의 모습, 구름 느릿한 경주의 풍경이 몹시 좋았다. 나도 누군가의 경주가 되어서 조용히 걷고 싶다고 생각했었다. 곧 다시 경주를 만난다.

경주. 첫째 날. 아날로그

"이제 진짜 경주에 들어온 거 같아."
"다 와 간다. 벼리야 조금만 참아."

 강릉에서 경주까지 네 시간. 중간에 몇 번 쉬지도 않고 부지런히 달려왔다. 경주 시내 초입에 들어서자, 현대식 건물 위에 턱하니 올려져 있는 기와지붕이 보였다. 프랜차이즈 햄버거 가게며 주유소며 다들 머리에 기와를 올린 모습이 경주다웠다. 서라벌, 신라, 계림 같은 옛 경주의 지명을 이름으로 가진 학교들이 차례로 지나갔다. 우리가 진짜 경주에 들어와 있음을 실감했다. 기억 속에 간직해온 경주만의 색감이 차창 밖에 가득했다. 차분하고 따사로운 볕이 묻어 있는 경주 색. 나와 혜원 그리고 반려견 벼리는 드디어 경주에 도착했다.

"벼리가 마당에 오니까 신났나 봐!"
"그러게. 좀 풀어두자."

 숙소 앞에 도착하자 호스트님이 우리를 반갑게 맞아 주셨다. 짐을 풀어놓기 전에 잠깐 벼리를 마당에 내려놓고 호스트님과 인사를 나누었다. 벼리는 먼 길을 버티느라 스트레스가 많았는지 마당 구석구석 돌아다니며 바지런히 냄새를 맡았다. 노령견이 되고 다리가 불편해지면서 많이 걷지 못하는 벼리다. 주변 환경에 흥미를 많이 잃어버려서 안타까워하고 있었는데, 이곳에서는 전에 없이 활발한 움직임을 보여주고 있었다. 마당이 마음에 들었나 보다. 벼리가 즐거워하는 모습을 보니 마당 있는 집이 갖고 싶어졌다.

여행을 결정한 그날. 우리는 바로 숙박 플랫폼에서 애견 동반이 가능한 숙소를 예약했다. 경주 읍성 조용한 주택가의 좁은 골목 끝에 위치한 작은 한옥이었다. 숙소는 마당을 하나 끼고 안채와 별채로 나뉘어 있었다. 안채에는 부모님 정도 연세의 호스트 부부가 반려견 두 마리와 함께 거주하고 있었다. 우리는 마당 건너 별채에서 3박 4일을 머물게 됐다. 호스트와 같은 공간에서 지내는 건 이번이 처음이었다. 완전한 독채보다는 자유로움이 적겠지만, 그동안의 공유 숙소와 달리 '안전'이라는 단어가 머릿속에 새겨졌다.

"시내 한가운데 이런 큰 성이 남아있었네."
"진짜! 뭔가 묘하다."

　장거리 운전 전날은 잠을 충분히 자둔다. 충실한 여행이라면 일찍 자고 일찍 일어나야 하는 법이겠지만, 우리는 여느 때처럼 늦게 자고 늦게 일어났다. 강릉에서 열두 시에 출발했더니 경주는 벌써 오후 4시였다. 도착시간을 조금 줄여보려고 점심을 건너뛰고 날아왔더니 배가 고팠다. 그렇다고 저녁을 먹기에는 어중간한 시간이었다. 일단 간단한 간식으로 배고픔을 달래 보기로 했다. 다행히 경주에 오는 동안 숙소 가까이 위치한 애견 동반이 가능한 카페를 찾아두었다. 혜원이 지도 앱을 열고 길 안내를 하기로 했다.

　벼리를 강아지용 유모차에 태우고 숙소 밖으로 나왔다. 울퉁불퉁 좁은 골목길을 빠져나오자 커다란 경주읍성이 보였다. 고려 시대에 지어졌던 읍성의 일부가 성문과 함께 지금의 흔적으로 남아있었다. 몇 년 전에 대대적인 복원 공사를 마쳤다고 한다. 그래서인지 깔끔하게 잘 정돈된 모습이었다. 주변과 어우러진 경주읍성의 모습에서 과거와 현대를 경계 없이 공존시키는 경주의 대담함이 느껴졌다.

해가 질 무렵이 되며 한껏 낮아진 햇살이 읍성을 비추고 있었다. 따뜻한 주황빛으로 물든 읍성 주위를 한가롭게 걸어 다니는 사람, 성곽 아래 잔디밭을 킁킁거리며 산책하는 강아지의 모습이 눈에 들어왔다. 우리는 여유롭고 보드라운 풍경에 매료되어 배고픔도 잊은 채 한참을 붙잡혀 있었다.

"여기 지금 엄청 핫한 곳이래."
"오~ 유튜브에서 본 것 같아."

카페는 2층에 있었다. 우리는 커피와 디저트를, 벼리는 〈댕푸치노〉라는 강아지용 음료를 마셨다. 처음 경험한 맛에 반해버렸는지 헐레벌떡 제 잔을 비우고서 진짜 커피까지 먹으려 들었다. 우리 음료는 맛이 없었지만, 창밖으로 읍성이 보여 좋았다.

다시 숙소로 돌아오는 길. 요즘 경주에서 제일 유명하다는 족발집에 들러 저녁거리를 포장해 왔다. 아내는 각종 티브이 프로그램과 유튜브 셀럽들이 이곳을 다녀갔다고 했다. 나는 익숙한 음식을 새로운 음식점에서 먹게 되면 맛의 기대치를 확 낮추어 버린다. 거기에 '핫플'이라는 딱지가 붙은 곳이라면 조금 더 떨어뜨리며 마인드 컨트롤을 해둔다. 지금 살고 있는 강릉처럼 관광객이 소비의 다수를 차지하는 지역은 핫플이 무진장 많다. 호기심에 한번 가보고, 다른 지역에서 손님이 찾아오면 데려가고 하다 보니 이래저래 가볼 기회가 많다. 그때마다 차곡차곡 퇴적된 불만족의 경험은 핫플에 대한 환상을 깨뜨려줬다. 내 입맛이 썩 대중적이지 않은 탓이 크겠지만. 그럼에도 오늘은 관대한 마음을 품고 용기 내어 도전했다. 일상에서와 상반되는 결정을 해보는 것도 여행의 재미니까.

"저기 마트에서 맥주 한 캔 사서 가자."
"응. 난 과자도 살 거야."

숙소로 돌아오는 길. 근처에 중소형 크기의 지역 마트가 보였다. 여행지에서의 우리는 지천에 널린 편의점 대신 발품을 팔아 찾아가야 하는 지역 마트를 즐겨 찾는다. 지역민의 발걸음에 맞춰 자연스럽게 들어가 그들의 일상에 어울려 본다. 평소 먹고 쓰던 것을 똑같이 찾아 구매해 본다. 여행지마다 다른 채소와 과일 종류, 매대의 배치와 접객 문화까지. 지역 관계없이 똑같은 모습을 가진 전국구 프랜차이즈에서는 도무지 이 기분을 느낄 수가 없다.

마트 안은 퇴근 후 장을 보는 사람으로 북적거렸다. 제일 먼저 음료 코너로 향했다. 아까 포장해 온 족발을 위해 좋아하는 맥주 두 캔을 꺼냈다. 혜원이 고른 과자 몇 개도 같이 구매하고 종량제 봉투에 담았다. 숙소에는 쓰레기를 버리는 곳이 따로 있어서 종량제 봉투가 필요한 건 아니었다. 강릉에 돌아가면 그냥 비닐 봉투가 돼버리지만, 일부러 구매했다. 그저 기분을 내보는 것이다. 이곳에서 판매하는 종량제 봉투에는 첨성대가 프린트되어 있었다. 쓰레기봉투마저 경주다웠다.

식은 족발은 고무다. 우리는 숙소로 돌아오자마자 식탁에 앉았다. 손발만 간단히 씻고 아직 따뜻함이 남아 있는 족발을 먹었다. SNS, 유튜브, 블로그. 어디서나 최고라 극찬하는 족발이었다. 불행히도 우리는 그 행렬에 동참할 수 없었다. 그래도 음식물 쓰레기는 줄여야 했다. 둘 다 더는 먹을 수 없을 때까지 최선을 다했다. 배가 경주 고분처럼 동그랗게 솟아올랐다. 우리는 커피로 느끼한 속을 달래주며 오늘 찍어온 사진 구경을 시작했다.

"역시 디지털보다 아날로그지. 잘 사 왔지?"
"예. 예. 잘 사셨어요."

경주에 오기 며칠 전에 폴라로이드 카메라를 샀다. 단순히 사진을 찍는 게 목적이라면 이미 갖고 있는 디지털카메라와 스마트폰으로 충분했다. 하지만 충분은 흡족이 될 수 없다. 이번 여행에서는 색다른 경험이 필요했다. 아날로그와 디지털을 오갈 수 있는 하이브리드한 도구. 나에게는 더없이 합리적으로 보이는 폴라로이드 카메라를 때마침 발견했다. 혜원은 이게 정말 필요한 물건인가에 대해 의구심을 떨치지 못했다. 나는 그녀가 혹하는 포인트를 찾아 열성적으로 찔러댔고, 결국 충동구매를 끌어내는데 성공했다. 나는 물욕의 신이자 가정경제 파괴범이었다.

 구매 사유이자 나름의 변명을 이어 붙여 본다. 디지털카메라나 스마트폰으로 사진을 찍는 건 참 간편하다. 요즘은 화질도 좋다. 배터리만 있으면 수백수천 장을 찍어볼 수 있다. 용량만 넉넉하다면 몇만 장이든 저장할 수 있다. 그런데 이건 양날의 검이다. 사진의 목적은 다시 '보는' 것인데, '찍는' 행위에 방점이 찍힌다. 쉽게 많이 찍으니 희소함이 없다. 희소하지 않으면 귀하지 않게 된다. 실체도 없다. 사진관이나 인화 업체에 출력을 맡기면 되지만 꽤 번거롭다. 그러니 대부분은 그저 찍는다. 찍고 또 찍기만 한다. 경주에서는 사진을 보는 단계까지 즐겨보고 싶었다. 소중한 추억이 외계어 같은 코드로 바뀌어 디지털 파일에 영원히 갇혀있지 않게, 종이로 된 가벼운 사진을 남기고 싶었다.

우리는 각자가 뽑고 싶은 사진을 먼저 골라냈다. 출력 장수에 제한이 있어 신중해졌다. 다음은 함께 마음에 드는 사진 몇 장을 추가로 선정한 뒤 최종적으로 사진을 인화했다. 명함보다 작고 흐릿한 사진들. 그 안에 보이는 혜원의 얼굴, 벼리의 멍한 표정, 치아를 드러내며 웃고 있는 내 바보 같은 모습이 손가락에 잡혔다. 두 손에 사진을 들고 재밌어하는 혜원을 보며 흐뭇해했다. 혜원은 이후에도 몇 개의 사진을 더 뽑았다. 같이 가져간 미니앨범에 가지런히 정리하며 즐거워했다.

내일부터 본격적인 여행의 시작이다. 우리는 거실에 놓인 둥근 테이블에 둘러앉아 좋아하는 노래를 들었다. 서로가 느낀 하루를 각자의 방식으로 기록하며 남은 밤을 즐겼다. 나는 오늘을 행복하게 해준 사소한 일들을 긁어모아 노트북에 빠짐없이 써 내려갔다. 경주에 오길 잘했다.

경주. 둘째 날. 선물

새벽 늦게까지 여행 첫날의 여흥을 곱씹다가 잠들었다. 여행 중간중간 기록하는 것도, 일정을 마치고 밤늦게 글쓰기를 하는 것도 모두 처음이었다. 예상했던 것보다 시간이 곱절은 걸렸다.

아침부터 찌뿌듯한 몸이 삐걱거렸다. 익숙하지 않은 공간의 소리와 감각, 몸에 맞춰본 적 없는 침대와 베개. 낯선 집에서 밤을 보낼 때마다 몸이 반항을 한다. 예민한 나는 깊은 잠에 들지 못했고, 밤사이 일어났다 다시 잠들기를 반복했다. 혜원은 나보다도 컨디션이 나빠 보였다. 환절기 비염이 있어서인지 자는 동안 마른기침을 콜록거렸었다. 우리가 잠을 설치거나 말거나, 벼리는 아직도 코를 골며 편안히 자고 있었다.

여행의 즐거움에 빠져 깜빡하고 있었다. 이곳은 애견 동반이 가능한 숙소. 다양한 종의 반려견이 머물다간 공간이었다. 아무리 꼼꼼히 청소해도 어딘가에 보이지 않는 털이 남아있기 마련. 비염을 앓는 사람에게는 최악의 환경이었다. 하지만 저기 엎드려 주무시는 세상 무해한 귀여운 생명체의 사랑을 받고 사는 자라면 마땅히 감당해 내야

할 슬픈 숙명이었다. 참 고단한 첫날밤을 났다.

"오빠 콩국 사 올게."
"괜찮겠어?"

 잠에 취해 아직 침대 위를 떠나지 못하고 있었다. 먼저 몸을 일으킨 혜원이 아침을 마련해 오겠다고 했다. 자기도 잠이 모자라면서 조금 늦게 잠든 남편의 컨디션을 걱정했다. 그러곤 아직 젊어서 괜찮다며 웃었다. 나보다 일곱 살이나 어려서 회복력이 다르다며 놀려댔다. 어이가 없었다. 아직 젊단 말이다.

 결국 혜원 혼자 밖으로 나갔다. 동네 근처에서 간단히 먹을 걸 구해 오겠거니 생각하며 새로운 가장의 귀환을 기다렸다. 그런데 예상과 달리 혜원은 대릉원 근처까지 가서 아침거리를 포장해 왔다. 따뜻한 콩국을 사 왔다고 했다. 식객 허영만 작가님의 TV 프로그램 〈백반기행 경주 편〉에 나온 곳이라고 덧붙이며.

우리 부부는 〈백반기행〉을 자주 시청한다. 허영만 작가님은 맛 평가에 아주 냉정하다. 여느 음식 프로그램 속 인물들과는 결이 다르다. 음식점 사장님이 앞에 있어도 가감 없는 멘트를 날린다. 그 만화 같은 모습이 재미있다. 작가님이 정말 맛있다고 평을 내리는 음식점들이 있다. 그런 곳들은 우리 입맛에도 딱 맞았다. 〈백반기행〉은 우리 부부의 맛집 선발대였다.

「경주원조콩국」은 1956년에 개업 한, 약 70년을 살아온 노포 음식점이다. 창업주는 원래 두부 공장을 운영했었는데 어려운 시절 콩 삶은 물을 배고픈 이웃에게 나눠주던 게 시작이었다고 했다. 굶주렸던 시절 그 뽀얗고 따뜻한 한 그릇은 사골을 푹 고아 낸 국밥만큼 든든했겠다.

혜원은 포장에서 콩국을 꺼내며 〈따뜻한콩국1〉과 〈따뜻한콩국2〉라고 했다. 나는 메뉴 이름이 왜 그러냐고 물었다. 혜원이 찍어온 사진을 내게 보여줬다. 실제 메뉴판에 적혀있는 이름 그대로였다. 〈따뜻한콩국1〉은 콩국에 검은깨, 검은콩, 꿀, 찹쌀도넛이 들어있다. 〈따뜻한콩국2〉는 조금 다르게 콩국에 참기름, 들깨, 달걀노른자, 흑설탕이 들어있다. 메뉴에는 〈따뜻한콩국3〉도 있었는데, 우리는 둘이고 벼리는 콩국을 먹을 수 없으니 다음 기회를 노려보기로 했다.

콩국은 말 그대로 콩국이었다. 국물은 우유 빛깔인데 간을 아주 살짝만 해서 담백하고 건강한 맛이 난다. 대신 추가로 들어가는 재료의 조합이 무엇인가에 따라 그 맛은 흥미롭게 변화한다. 콩국은 뭔가 특별함을 기대하고 먹는다면 실망하기 딱 좋은 음식이다. 앞에 있는 혜원의 표정이 그랬다. 반면 아침은 아무래도 가벼운 게 좋다는 쪽인 내게 콩국은 매우 만족스러운 음식이었다. 뜨겁지 않고 마시기 좋은 온화한 국물이 속을 편안하게 했다. 대만에 갔을 때 먹은 또우장이 생각났다. 굳이 비교해 보자면 베이스는 비슷하지만 추가 재료로 여러 맛을 내는 경주 콩국이 더 매력적이다.

"병원에 다녀올래?"
"응. 근처에 몇 군데 있어."

점심때가 다가와도 혜원의 비염은 나아질 기미가 보이지 않았다. 밖을 돌아다니지 못할 만큼 심한 건 아니었지만, 남은 여행을 계속 그 상태로 보낼 수는 없었다. 혜원은 컨디션을 끌어올리기 위해 근처에 있는 이비인후과에 다녀오기로 했다.

숙소를 경주 중심가에 잡아두길 잘했다. 도보 거리에 바로 이용할 수 있는 병원이 많았다. 혜원은 이용 후기를 여럿 살펴보고 나서 한 곳을 선택했다. 대기 시간은 길었지만, 친절하고 꼼꼼한 진료를 받고 나와서 만족스러웠다고 했다.

여행 중에 병원을 다녀온 건 지난 도쿄 여행이 처음이었다. 바로 다음 여행인 경주에서 다시 병원을 이용하게 될 줄은 몰랐다. 연달아 두 번이나 병원을 가다니. 앞으로는 여행 중 병원 방문이 흔한 일이 될지도 모르겠다는 생각이 들었다. 다음 여행부터는 근처에 병원이 있는가를 주요 포인트로 넣어서 숙소를 정해야 할 것 같다.

혜원은 병원 진료를 마치고 곧장 숙소에 돌아온 게 아니었다. 병원 옆 은행에 들러 경주 지역

화폐인 〈경주페이〉를 발급받아 왔다며, 첨성대가 그려진 귀여운 카드를 보여줬다. 참 부지런한 사람이다.

어제 〈경주페이〉에 대해 잠깐 얘기를 꺼낸 적이 있었다. 캐시 적립 혜택이 있으니, 발급받아서 사용하다가 기념으로 집에 가져가면 어떻겠냐고. 그냥 떠오른 김에 했던 말이라 잊어버리고 있었는데, 기억해 뒀다가 만들어 온 그녀였다. 나는 원하는 것이 생겨도 그걸 얻으려고 행동하기까지 망설임이 큰 사람이다. 귀찮음도 많다. 혜원은 다르다. 원하는 것이 있다면 '난 전혀 안 귀찮은데. 하나도 안 힘든 데?'하며 실행에 옮겨버린다.

"좀 쉬고 있어. 그릭요거트 사 올게."

드디어 혜원이 숙소에서 잠깐의 휴식 시간을 갖기로 했다. 혜원이 쉬는 동안 나는 간식으로 먹을 그릭요거트를 사러 밖으로 나갔다. 걸어서 갈 수 있는 거리에 그릭요거트 전문점 두 곳이 있었다. 큰 차이는 없어 보여서 디자인을 더 예쁘게 하는 쪽을 선택했다.

경주읍성을 지나가는 길이라서 성문 아래로 걸어 들어가 봤다. 높고 커다란 성문 밑에 서 있으니, 사극의 한 장면에 들어와 있는 기분이었다. 읍성 곳곳의 사진을 찍고 있는 동안 경주 사람들은 자유롭게 성문 사이를 오갔다. 차들은 성문 옆에 따로 내어둔 샛길을 이용하고 있어서 안전했다. 고려의 경주 사람과 조선의 경주 사람. 지금 경주 사람 모두가 같은 성문을 오가며 살고 있었다. 옛 성문을 지켜야 할 문화 유적으로 생각해서 출입을 막아두는 게 아니라, 활짝 개방해 시민 일상의 일부로 만들어 버린 경주의 모습이 멋져 보였다.

성문을 빠져나와 3분쯤 걸어가니 목적지인 「그릭너리」가 보였다. 직접 운영하는 목장에서 짠 원유로 그릭요거트를 만든다고 했다. 아침마다 즐겨 먹는 만큼 설렘이 컸다. 아무래도 싱싱한 우유를 써서 더 맛있지 않을까 하는 단순한 이유로. 점심 전에 가볍게 맛이나 보려고 그릭요거트와 과일이 함께 들어있는 그릭볼과 드링킹 요거트를 샀다.

내일 아침에 먹을 그릭요거트도 한 통 같이 사서 숙소로 돌아갔다.

"황리단길에 있는 애견 동반 음식점 들이야."
"생각보다 꽤 많네?"

　숙소에 돌아왔다. 혜원은 인터넷에서 찾아둔 애견 동반이 가능한 음식점 리스트를 보여줬다. 황리단길은 반려견과 함께할 수 있는 식당이 꽤 있었다. 벼리와의 여행을 환영해 주고 있었다. 우리는 리스트 중 한 곳을 정해두고 황리단길로 출발했다.

　오후부터는 벼리와 함께 움직였다. 황리단길은 경주에 오면 꼭 한 번씩 둘러보게 된다. 폭이 넓지는 않지만 보행로가 잘 조성되어 있어서 걷기 좋다. 대로를 따라 다양한 카테고리의 음식점과 카페, 상점이 쭈욱 나열되어 있다. 틈틈이 나 있는 골목 안으로 들어가면 밖에서 보이지 않던 가게들이 하나씩 나타난다. 골목 탐험의 재미가 있다. 여기에 황리단길 바깥으로 드문드문 보이는 대릉원 고분들의 모습이 눈을 즐겁게 해주는 곳이다.

우리는 한옥을 개조한 일식 레스토랑 「료미」의 툇마루에서 점심을 먹었다. 전통 한옥과 툇마루 그리고 일식이라…. 반려견은 내실을 이용할 수 없어서 아쉬웠다. 미완의 애견 동반 식당이랄까. 3월의 바람이 아직 쌀쌀했다. 그래도 다른 손님에게 피해를 주거나 눈치 보지 않고 벼리와 함께 할 수 있다 생각하니 그런대로 괜찮았다. 벼리도 좋았을까.

식욕을 잠재우고 나니 감성이 깨어났다. 식당에서 조금 걸어가 「소소밀밀」이라는 서점으로 향했다. 이곳은 출판 편집자 아내와 그림책 작가 남편이 운영하는 그림책 전문 서점이다. 우리처럼 같은 일을 하며 살아가는 부부가 만든 공간이 궁금했다.

그림을 보는 게 좋다. 디자이너이자 일러스트레이터인 혜원은 말할 것도 없이 그림을 좋아한다. 그리고 둘 다 책을 좋아한다. 책과 그림이 합

쳐진 그림책은 두 배로 좋다. 우리에게 그림책 전문서점은 놀이터고 방앗간이다. 그림책에서 쏟아져 나오는 포근하고, 발랄하고, 슬프고, 아름답고, 재밌고, 다채로운 세상을 잔뜩 구경했다. 혜원은 그림책 한 권과 이곳의 작가님이 직접 그린 대릉원 엽서를 구매했다. 작은 서점 가득 찬 책들을 보고 있으니 「소소밀밀」이라는 제목의 그림책 속에 들어와 있는 기분이었다.

먹고 걷고 보고 놀고. 마음껏 즐기다 보니 사이에 쉼표가 필요했다. 잠깐 앉았다 가려고 카페 「노워즈」에서 커피를 주문했다. 지난 여행에서 처음 방문했던 곳인데 에스프레소가 고소하고 맛있었다. 그때의 기억을 되살려 나는 오늘도 에스프레소를 선택했다. 혜원은 아이스 아메리카노. 진한 카페인의 공급으로 다시 눈동자가 커졌다.

급속충전 같았던 우리의 휴식. 그래도 다시 움직일 수 있는 체력이 생겼다. 대릉원 공용주차장으로 돌아가는 길에 「레이지선데이보틀」이라는 와인샵이 보여서 들어갔다 나왔다. 와인 종류가 많았지만 모르는 것뿐이라 입맛만 다시고 그냥 나왔다. 다 와가는 길에 또 「메리크래프트」라는 리빙 셀렉샵을 지나치지 못했다. 우리가 사고 싶은 물건은 마음에 내려두고 벼리가 쓸 물그릇 하나를 샀다.

공용주차장에 도착하자 황남동 고분 너머로 해가 지고 있었다. 우리 셋은 고분 앞에서 폴라로이드 사진을 찍었다. 갈색으로 물든 풍경에 혜원과 벼리의 다정함이 배가 되어 담겼다. 조금 더 어두워질 때까지 찰칵찰칵 거리며 여운을 즐겼다. 숙소로 돌아가는 길에는 「베이글베이글러」에 들러 베이글도 샀다. 식간에 유용한 간식이 될 예정이다. 짧은 시간에 꽉꽉 채워 많이도 놀았다.

"와 진짜 피곤하다."
"아, 「이어서」 내일 휴무야."
"그럼 지금 가야지!"

아직 오후 6시. 우리는 다른 여행자들보다 일찍 숙소에 돌아왔다. 늦은 시간이 아니었지만 셋 다 너무 피곤했다. 오늘은 그만 일정을 마감하고 저녁이나 먹을까 하고 있었다. 하지만 아직 가야 할 곳이 남아 있었다. 경주에 오기 전부터 꼭 가보고 싶었던 서점이 있었는데 내일은 휴무였다. 남은 여행 일정을 고려했을 때 갈 수 있는 날은 오늘뿐이었다.

괜히 목소리에 힘을 실어 넣으며 다시 움직일 기운을 끌어냈다. 아까 사 온 베이글 하나를 반으로 나눠 먹고 예정에 없던 저녁 여행을 시작했다. 한번 시작하면 대충은 없는 우리. 피로를 이겨내고 나가는 김에 일러스트레이터 작가님이 운영하는 「라플라너리」라는 소품샵에 먼저 들렀다 가기로 했다.

"맞으시죠? 저 위에서 오셨죠."
"앗! 어떻게 아셨어요?"

책방 「이어서」와는 도보로 1분 거리에 위치한 「라플라너리」 소품샵. 이곳의 사장님이자 작가님은 우리를 먼저 알아보시고 반갑게 인사를 건네주셨다. 작가님은 지난 여행 때 처음 만났고 이후 혜원과는 SNS를 통해 가벼운 인사를 나누고 있었다. 경주에 갈 거라고 미리 연락을 드리긴 했었는데, 설마 지난번에 잠깐 본 얼굴을 아직까지 기억하고 계실 줄은 몰랐다.

작가님의 그림은 선하다. 세밀하지만 따뜻함이 있고, 화사하지만 튀지 않는다. 어느 쪽으로도 무해하다. 때마침 2024년 달력이 나와 있길래 구매했다. 매달 다른 그림이 눈을 편안하게 해 줄 것 같아서. 더 머물다 가고 싶었는데 시간이 없어서 아쉬웠다. 우리는 작가님과의 짧은 대화를 마치고 서둘러 「이어서」로 향했다.

서점은 2층에 위치해 있었다. 좁고 가파른 계단을 올라가 서점 문을 열었다. 직원분의 친절한 인사말과 함께 들려오는 은은한 음악. 가슴이 두근거렸다. LP 플레이어에서 터져 나오는 특유의 먼지 묻은 음색이 공간과 잘 어울렸다. 언젠가 경주에 오래 머무를 기회가 생긴다면, 볕 좋은 날을 골라 창가 자리에 앉아 있어야겠다. 책을 읽고, 글을 쓰고, 멍하니 밖을 보고 있으면 하루의 자잘한 걱정 따위는 금세 잊어버리겠지.

이곳은 다른 서점에 비해 책이 많지는 않다. 한쪽 벽면에 큰 서가가 있는데 서점의 큐레이션이 마음에 들었다. 내 취향에 부합하니 책의 숫자는 상관없었다. 종류가 많지 않은 덕분에 한 권 한 권을 더 꼼꼼히 살펴볼 수 있었다.

"고양이랑 그림을 좋아하시니까."
"응. 마음에 드실 거야."

혜원은 자신이 경주에서 볼 책 한 권과 「라플라너리」 작가님에게 선물할 책 한 권을 골랐다. 나는 안희연 작가의 산문집 〈당신이 좋아지면, 밤이 깊어지면〉을 집어 들었다. 책의 면지 한편에 작가님의 친필 사인이 적혀 있었다. 숨어 있는 보물을 찾은 기분.

선물을 받는 사람보다 주는 사람이 더 큰 행복을 갖게 된다고 생각한다. 고민하고 고르고 전하고 돌아오는 반응을 살피고. 주는 쪽은 과정과 결과 모두에서 행복감을 가져갈 수 있다. 마침 타인과 좋은 관계가 막 형성되기 시작하는 시점이라면 가벼운 선물로 속내를 대신 표현할 수도 있다. 선물을 주고받음으로 호감을 쌓아 올리는 것. 그보다 더 큰 효용은 선물을 통해 서로의 취향에 어떤 교집합이 있는지를 확인할 수 있다는 것이다.

나는 책 선물을 좋아한다. 책은 종류가 다양하고 구하기 쉬운 물건이지만 상대방을 만족시키기는 쉽지 않은 선물이다. 일단 선물을 하는 사람과 받는 사람 모두 책을 좋아해야 한다. 이때 '좋아하다'에 '모든'은 포함되지 않는다. 어쩌면 음식보다도 호불호가 강한 것이 책이다. 평소 애정을 갖고 상대방을 관찰하지 않으면 두꺼운 종이 더미 한 뭉치를 선물하게 될지도 모른다. 책을 고를 때는 적정선을 지키는 것도 중요하다. 상대와 나의 관계나 친밀감에 따라 적절한 감도의 책을 선택해야 한다.

혜원이 고른 책에는 작가님을 향한 약간의 애정과 신중함이 담겨 있다. 두 사람은 이 책을 가교 삼아 새로운 교감을 시작할 것이다. 주는 것에서 행복을 찾을 수 있는 마음이 있는 사람. 상대방을 생각하며 책 선물을 고를 줄 아는 사람. 경주 여행에서 그녀를 사랑하는 이유를 또 하나 발견했다.

경주. 셋째 날. 커피

어젯밤에도 여행 둘째 날을 글로 옮겨 쓰다가 새벽 늦게 잠들었다. 숙소에 돌아올 때만 해도 오늘은 꼭 일찍 자야지 했었다. 한참 모자란 나의 글솜씨를 일 푼도 고려하지 않은 생각이었다. 재주만큼 밤도 짧았다. 계속 쓰고 앉았다가는 다음 하루를 포기해야 할 지경이었다. 새벽 3시였다.

그대로 기절해서 쭉 잤다면 좋았을 텐데. 경주의 밤은 우리를 가만히 내버려두지 않았다. 밤사이 경주 전역에 시끄러운 강풍을 동반한 폭우가 내렸다. 숙소의 가냘픈 한옥 문짝은 새벽 내내 맥없이 흔들렸고, 마당에 내리치는 빗소리가 폭포수 같았다.

내가 몸을 뒤척이자 혜원이 기침을 했다. 약을 먹고 먼저 잠든 혜원의 모습이 가여웠다. 그래도 잠귀가 어두워 중간에 깨지 않아 다행이었다. 내일은 괜찮아져야 할 텐데 걱정하며 여러모로 편히 잠들 수 없는 새벽을 보냈다.

"와 날씨 진짜 좋다."

"하…. 어이가 없네."

먼저 일어난 혜원이 창밖을 보며 환하게 웃고 있었다. 저 사람은 간밤에 무슨 일이 있었는지도 모르고. 밖은 거짓말처럼 고요한 아침이었다. 구름이 비에 다 녹아내린 듯 깨끗한 하늘만 남았다. 새벽의 그 무서운 표정을 싹 감추고 저렇게 해맑은 얼굴이라니.

혜원과 벼리는 숙소 마당을 산책하며 볕을 만끽했다. 이틀째 수면이 부족한 나는 좀 더 이불 속에 누워 있고 싶었다. 그렇다고 이대로 아침을 놓아주기엔 경주에서의 시간이 얼마 남지 않았다. 이불 밖으로 나가야 했다.

숙소의 호스트님이 따뜻한 플레인 베이글을 조식으로 사다 주셨다. 어제 사 온 그릭요거트와 함께 먹으니 아주 든든한 아침 식사가 되었다. 혜원의 기침이 좀 덜해졌지만, 잊지 않고 약을 챙겨 먹였다.

"오빠. 카페 가서 글 쓰다가 와."

"그럴까? 좀 쉬고 있을래?"
"응. 개인 시간!"

　지난밤 나의 힘겨운 사투를 알게 된 혜원이 산책 겸 외출을 다녀오라고 했다. 밥을 다 먹고서도 눈꺼풀이 무거웠다. 내게 최고의 휴식은 가만히 누워 있는 것이나, 짧은 시간이나마 혜원에게 온전한 휴식을 주고 싶어서 알았다고 했다. 서둘러 옷을 갈아입고 노트북이 든 백팩만 챙겨 밖으로 나섰다.

　스마트폰 지도 앱에 목적지 「커피플레이스」를 찍고 천천히 걸었다. 나는 바다와 커피 때문에 강릉에서 살고 있다 할 만큼 커피를 애정한다. 경주에 오면 꼭 가보고 싶었던 카페 몇 개가 있었다. 그중 하나가 「커피플레이스」다. 경주 중심가를 지나 대릉원 방향으로 끝까지 걷자 시야가 탁 트인 너른 광장 하나가 나왔다. 한가운데는 봉그랗게 예쁜 고분 하나가 있었다. 높이 22미터, 지름 82미터의 봉황대라 불리는 고분이었다. 아직 발굴이 이루어지지 않은 주인을 모르는 옛 무덤이 마을의 작은 산처럼 솟아있었다.

봉황대 바로 맞은편 단층 상가에 커피플레이스가 있었다. 이름도 없이 오직 'COFFEE'라는 까만 글자만 대담하게 적어 넣은 간판이 인상적이었다. 카페 안은 평일 오전임에도 커피를 마시는 사람으로 그득했다. 왼쪽 벽 앞에 놓은 2인 테이블에서는 오붓한 여유가, 오른쪽 벽 앞에 있는 10명은 충분히 앉을 만한 커다란 바 테이블에서는 활기가 느껴졌다.

낯선 카페와의 첫 만남은 너무 어렵다. 어떤 커피가 내 취향에 맞을지 모른다. 그래서 처음은 카페가 추천하는 커피를 먼저 마셔본다. 나는 오늘의 커피 〈케냐 카이나무이〉를 주문했다. 운이 좋았다. 카페 구석에 딱 하나만 있는 1인 테이블에 사람이 없었다. 주문을 끝내자마자 얼른 자리를 차지했다. 나를 위해 미리 마련해 둔 자리 같았다.

노트북을 꺼내 새벽에 맺음 하지 못한 글을 이어 나갔다. '이거 누가 이렇게 쓴 거야' 하고 현실을 부정하며 머리를 부여잡았다. 괴로움에 허우적거리는 사이 커피가 나왔다. 〈케냐 카이나무이〉는 오늘 아침처럼 가볍고 산뜻한 향미를 뿜어 냈다. 핸드드립으로 맛있게 내린 이 커피가 겨우 4,000원이었다.

나는 「커피플레이스」의 대표의 개인 SNS 계정을 팔로우하고 있었다. 커피 사진과 일상(일상이라고 했지만 사실 대부분은 커피 이야기다)을 생각과 함께 올려서 즐겨 보고 있었다. 예전에 올린 게시물 본문 중에 '오늘 하루는 어떻게 안녕할 수 있지 않을까 하는 마음으로 커피를 만듭니다'라는 문장이 있다. 이곳에 와보니 그동안의 말에 거짓이 없었음을 알 수 있었다. 커피를 진심으로 고민하는 사람과 그의 가치관에 공감하는 사람들이 모여 「커피플레이스」를 이루고 있었다. 커피 한 잔으로 내내 졸리고 피곤했던 나의 아침이 또렷해졌다.

고소하게 갈리며 발산하는 볶은 원두의 향과 따뜻한 커피. 창밖을 가득 채운 초록 봉황대의 안락함. 옆에 앉아 있던 사람들이 뿜어내고 있는 에너지 속에서 수월하게 어제의 글을 마무리할 수 있었다.

먼저 맛본 커피를 혜원과 공유하고 싶었다. 강릉에 돌아가면 내려 주려고 똑같은 원두로 한 봉지를 샀다. 약을 먹고 있는 혜원을 위해 숙소에서 마실 디카페인 드립백도 함께 사서 밖으로 나왔다.

"오빠「보배김밥」사 올래? 점심으로 먹자."
"응. 성동시장에 있는 거지?"

숙소로 돌아가려는데 혜원에게 연락이 왔다. 점심거리를 구해오라는 미션이 주어졌다. 숙소 근처에 있는 성동시장으로 발걸음을 돌렸다. 혜원이 사 오라는「보배김밥」. 식객 허영만 작가님이 방문한 곳이다. 성동시장은 거름망처럼 촘촘하고 복잡했다. 안에서 김밥 집을 찾아 헤매고 다니는데 나를 발견한 상인 두 분이 먼저 말을 걸어 위치를 알려주셨다. 쩔쩔매는 낯선 이를 내버려두지 못하는 경주 사람의 친절함 덕에 무사히 도착할 수 있었다.

「보배김밥」은 메뉴가 우엉 김밥 하나뿐이다. 김

밥 위에는 달달하게 조린 우엉이 잔뜩 올려져 있었다. 이것 하나만 딸랑 사서 돌아가기는 허전했다. 시장을 좀 더 돌아다녀 봤다. 수산물이 모여 있는 골목을 지나다가 방어회 한 팩을 샀다. 사실 회는 잘 모른다. 사장님이 금방 포장한 팩을 깔고 있길래 맛있어 보여서 그걸 집어 들었다.

시장은 지나가는 사람과 어깨가 닿을 만큼 오가는 통로가 좁았다. 통행은 불편했지만 그만큼 상점이 빽빽하게 모여 있어 편리함도 있었다. 시장 내 다른 구경거리도 보고 나왔으면 좋았겠다. 하지만 나는 한 여자와 강아지 한 마리를 책임지고 있는 가장이었다. 언젠가 다큐 영상에서 본, 둥지 안에서 삐약삐약 거리며 어미를 기다리는 새끼 새 두 마리의 모습이 떠올라 황급히 시장 밖으로 빠져나왔다.

시장에서 사 온 음식들을 숙소 식탁 위에 펼쳤다. 혜원이 미션에 없었던 방어회를 발견하고 기뻐했다. 회와 우엉 김밥은 참 안 어울렸다. 그래도 한 입에 둘을 같이 넣지만 않으면 다 맛있었다. 하나도 남김없이 깔끔히 먹었더니 배가 볼록

했다.

　오늘의 여행을 본격적으로 시작하기 위해 밖으로 나왔다. 어제보다 바람이 적고 볕이 많아졌다. 걷기 좋았다. 벼리는 유모차를 탔다. 주위를 두리번거리면서 연신 코를 벌렁벌렁 거렸다.

"월정교 보러 가자."
"응. 첨성대도 같이 보자."

　제일 먼저 월정교로 갔다. 지난번 경주 여행에서는 야경으로만 봤었다. 월정교는 통일신라 시대에 만들어진 다리다고 한다. 조선시대에 무너진 걸 최근에 다시 복원했다고 한다. 원효대사와 요석공주의 사랑 이야기가 전해지는 로맨틱한 다리다.

　낮의 월정교는 밤보다 훨씬 길고 웅장했다. 바로 앞까지 걸어가자 '월정교가 이 정도였나?' 할 만큼 거대해 보였다. 다른 관광객들처럼 다리 입구에 서서 벼리와의 기념사진을 남겼다. 우리는 천천히 월정교를 건너가며 발바닥에 닿는 나무 바닥의 감촉과 약간의 삐거덕 소리를 즐겼다. 기둥 사이로 보이는 남천의 풍경도 아름다웠다.

월정교를 건너자, 「최부자 댁」과 「교리김밥」으로 유명한 교촌마을이 나왔다. 교촌치킨과는 아무 관계가 없다. 신라시대에는 국학이, 조선시대에는 향교가 자리하면서 '향교가 있는 마을'이라는 뜻의 교촌이 되었다. 지금은 홍보관과 각종 체험장이 조성되어 있고, 음식점과 카페도 여럿 있다. 옛 돌담길 사이를 걸어 다니면서 전통 한옥을 구경하는 재미가 있었다.

교촌마을을 둘러보고 향한 곳은 첨성대였다. 평일이라 그런지 주변이 한산했다. 첨성대는 드넓은 공터에 다른 유적 없이 혼자 덩그러니 놓여있다. 둘레를 한 바퀴 돌아보는데 첨성대의 뒷모습이 쓸쓸해 보였다. 수학여행 때 처음 만난 첨성대는 크고 단단하고 높았었다. 아담해진 첨성대에 아버지의 모습이 오버랩 됐다. 위엄 있게 별을 바라보던 신비로운 존재에서 사람들 기념사진 사진 속 배경이 되어버린 첨성대. 1500년의 세월을 버텨오다 혼자만 남겨진 그가 무척 외로워 보였다.

첨성대를 뒤로하고 주변 동네를 탐방했다. 그러다 우연히 소품샵 한 곳을 발견했다. 「미묘한」이라는 흥미로운 이름을 가졌다. 실내가 좁아서 나와 벼리는 밖에서 기다렸다. 나는 담벼락 아래서 귀여운 벼리 사진을 찍으며 햇볕을 잔뜩 받았다. 혜원은 매장 안에 실제로 미묘 두 마리가 있었다고 했다.

"아…. 문이 닫혀 있네. 사장님 어디 가셨나 봐"
"옆에 카페 있는데, 커피나 마셔볼래?"

다음 목적지는 혜원이 찾아둔 식물 가게 「베란다242」였다. 영업일과 영업시간을 확인하고 찾아왔건만 사장님이 자리를 비우셨다. 여기까지 걸어오느라 힘들었는데, 구경도 못하고 돌아가야 해서 허탈했다. 그러나! 인생은 새옹지마라고 했다.

식물 가게 바로 옆에 「바넘커피로스터스」라는 카페가 보였다. 이름에 무려 '로스터스'가 붙어 있었다. 나는 로스팅 카페를 꽤나 신뢰한다. 원래는 식물 가게에 들렀다가 다른 카페에서 커피를 마시기로 했었다. 하지만 지쳐버린 우리에게는 당장 카페인이 필요했다. 다음 장소로 이동할 기운을 충전할 겸 테이크아웃으로 커피 한 잔을 주문했다.

카페에는 〈저글링〉과 〈셔플〉 두 종류의 블렌딩 원두가 있었다. 그중에 과일 향미가 있다는 〈셔플 블렌딩〉 카푸치노를 주문했다. 커피가 준비되는 동안 안을 둘러봤다. 판매용 원두 패키지와 굿즈에 서커스 단원과 동물들의 그림이 보였다. 재밌지만 가볍지 않고 차분함이 묻어 있었다.

「바넘커피」는 아마도 '바넘효과'로 유명한 피니어스 테일러 바넘에서 이름을 따온 것으로 보인다. 영어 스펠링도 일치한다. 사장님이 불편해하실까 봐 확인해 보지는 않았다. 영화 〈위대한 쇼맨〉의 실제 모델로 알려진 바넘은 19세기 후반 미국의 유명한 서커스단 단장이었다. 그는 사람의 성격을 맞추는 쇼로 많은 환호를 받았다고 한다. '바넘효과'라는 용어도 여기서 유래가 되었는데,

일반적이고 보편적인 사람의 공통 특성을 자신만의 독특한 특성으로 믿으려 하는 심리 현상을 말한다.

사장님은 이 흥미로운 바넘이라는 인물과 그의 서커스단 이미지를 카페의 메인 콘셉트로 차용하신 것 같다. 바 테이블 맞은편에는 일부러 단을 높여 몇 개의 테이블을 두었다. 마치 서커스 공연이 펼쳐지는 무대를 형상화해둔 것 같아서 재밌었다.

카페 곳곳에 'It's only this moment, don't care what comes after.'라는 슬로건이 붙어 있었다. 가게 문을 닫아버리고 훌쩍 여행을 떠나온 자영업자에게 '괜찮다고, 잘 왔다고' 격려해 주는 것 같았다. 사장님의 의도와 상관없이 내게는 큰 위로가 되었다.

"뭐야. 너무 맛있는데?"
"진짜! 먹어보길 잘했다."

우리는 카페 밖에서 카푸치노를 마셨다. 로스터리니 당연히 기본은 하겠지 하고 가볍게 생각했었다. 그런데 기대 이상이라서 많이 놀랐다. 「바넘커피」만의 개성이 뚜렷하게 느껴지는 블렌딩이 좋았다. 나는 다시 카페로 들어갔다. 방금 마신 〈셔플 블렌딩〉과 맛이 궁금해진 〈저글링 블렌딩〉 원두를 하나씩 샀다. 당분간 다시 올 수 없다고 생각하니 그냥 갈 수 없었다.

  사장님이 굿즈로 판매 중인 성냥을 선물로 주셨다. 성냥갑에 그려져 있는 서커스 코끼리 그림이 귀여웠다. 자기 커피를 좋아해 주는 사람이 반가우셨나 보다. 작지만 편안한 공간과 개성 있는 커피. 정체성 가득 담은 브랜딩. 다른 곳에 비해 비싸지도 않은 원두 가격. 강릉에도 「바넘커피」가 있었으면 좋겠다고 생각했다.

"나 많이 잤어?"
"40분쯤 잤을걸."
"배고팠을 텐데. 깨우지."
"괜찮아. 이 책 재밌다."

마침내 숙소에 돌아왔다. 예상보다 많이 걸은 탓에 둘 다 다리에 통증이 있었다. 이틀간 쌓인 피로 때문인지 얼굴에는 열감이 느껴졌다. 저녁은 도저히 나갈 힘이 없어서 배달 앱을 이용했다. 나는 혜원에게 잠깐만 누워 있겠다 하고 방으로 들어갔다. 그러곤 눕자마자 깜빡 잠이 들었다. 그대로 기절해 있다가 골목에서 들려온 개 짖는 소리에 깜짝 놀라 잠에서 깼다. 거실로 나가니 배달시킨 미역국이 벌써 도착해 있었다. 국물이 미지근해져 있었다.

　　혜원은 내가 코까지 골며 자고 있어서 깨우지 않았다고 했다. 너무 피곤해 보였다고. 내가 단잠을 자는 동안 어제 서점에서 사 온 책을 읽고 있었다고 했다. 오후 내내 걷느라 배가 많이 고팠을 텐데 미안하고 또 고마웠다.

　　저녁에 잠깐 꿀잠을 잔 게 큰 도움이 되었다. 지금은 개운한 눈으로 경주 여행 셋째 날을 기록하고 있다. 꼭 가보고 싶었던 「커피플레이스」를 다녀와서 행복했다. 계획에 있던 상점이 문을 닫아버린 덕에 「바넘커피」를 만날 수 있어서 기쁜 하루였다.

　여행은 늘 변수를 좋아한다. 여행자의 계획대로 가만히 흘려보내지 않는다. 변수는 늘 예고 없이 찾아와 사람을 당황시킨다. 대신 내가 상상하지 못했던 새로운 경험을 가져다준다. 변수는 생각보다 괜찮은 친구다. 다음에는 또 어떤 변수와 만나 즐거운 여행을 하게 될지 기대된다.

　여기까지 쓰다 보니 시계 속 날짜가 바뀌어버렸다. 경주 여행 셋째 날이 이렇게 끝났다. 자고 나면 다시 강릉으로 돌아가야 한다.

경주. 마지막 날. 사람

떠나는 날이 되어서야 편안하고 고요한 밤을 보냈다. 중간에 깨지 않고 8시간의 숙면을 취했다. 뭔가 흥미로운 꿈을 꿨는데 기억이 흐릿했다. 여행을 잘 마무리하고 가라는 건지 컨디션이 올라왔다.

-경주는 12월 역대 최고 기온을 기록 중입니다.

TV에서 일기예보가 나오고 있었다. 오늘은 여행 중 가장 좋은 날씨였다. 가벼운 외투를 입은 기상 캐스터가 온도를 전했다. '어때? 3박 4일은 너무 짧지?', '곧 다시 와야겠지?'. 경주가 강릉으로 돌아가야 할 우리를 놀리고 있는 것 같았다.

계획 없이 자버린 탓에 곧 숙소를 비워야 할 시간이 다가왔다. 어제 먹고 남은 빵으로 아침을 가볍게 해결하고 서둘러 체크아웃 준비를 시작했다. 숙소는 가능한 깨끗이 사용해야 한다는 주의다. 집 밖에 흔적을 남기는 게 싫다. 떠나고 나면 호스트님이 대청소를 하시겠지만, 일단 할 수 있는 만큼은 정리를 한 뒤 떠나고 싶었다.

짐 정리까지 모두 끝내고 나니 11시 체크아웃 시간. 나는 무거운 짐을 하나씩 차로 옮겨 두며 벼리와 혜원이 나오길 기다렸다. 그런데 한참이 지나도 소식이 없었다. 무슨 일이 생겼나 싶어 숙소로 다시 들어갔다. 혜원은 테이블에 앉아있었다. 내가 온 줄도 모르고 자신의 특기를 발휘하는데 열심이었다. 그녀는 집에서 가져온 엽서 종이에 그림을 그리고 있었다. 뒷면에는 내내 불편함 없이 돌봐주셔서 감사하다고, 벼리와 좋은 추억을 쌓고 돌아갈 수 있어서 행복하다고 편지도 썼다.

엽서가 완성될 때쯤 호스트님이 본채에서 배웅을 나오셨다. 우리는 체크아웃 시간이 훌쩍 지나도록 긴 대화를 나눴다. 혜원은 마지막 인사를 전하며 그려둔 엽서를 선물로 드렸다. 호스트님은 엽서를 받자마자 눈물을 보이셨다. 정말 고맙다고. 또 기쁘다고 하셨다. 갑작스러운 선물로 인한 놀람, 고마움, 행복감을 숨김없이 그대로 표현해 주셨다. 혜원은 쑥스러워하면서도 아이처럼 좋아했다. 그런 두 사람의 모습으로 나도 함께 행복했다.

"두 분은 정말 경주와 잘 어울려요."
"그런가요? 감사합니다."
"정말이에요. 경주에서 살면 좋을 것 같아요."
"하하. 저희도 그랬으면 좋겠어요."

 호스트님은 우리 부부가 경주의 모습과 닮았다고 했다. 잘 어울린다고 했다. 지금도 저 말의 의미가 명확히 이해되지는 않는다. 그래도 건네주신 마음은 알 것 같다. 우리는 경주가 참 좋다고 했고, 호스트님은 경주에서 한 번 살아보기를 추천하셨다. 필요하면 틈틈이 집도 알아봐 주시겠다고 하셨다. 마음 한편에 이미 경주가 있어서일까. 호스트님의 말들이 큰 울림으로 다가왔다. 여행자를 떠나보내는 숙소의 주인이자 다정한 어른의 인사치레일지도 모르는데 말이다. 우리는 숙소 툇마루에 앉아 사진을 남겼다. 백지에서 점점 선명해지는 사진처럼 마음에 이곳을 담았다.

"벌써 돌아가기는 좀 아쉬운걸."
"그럼, 더 있다가 갈래?"

아직 한낮의 12시. 이대로 경주와 이별하기에는 밖이 너무 밝았다. 우리는 돌아가는 시간을 미루고 조금 더 경주와 함께하기로 했다. 다시 한번 「커피플레이스」에 갔다. 나보다 혜원이 가보고 싶어 했었던 곳인데 혼자 다녀와 아쉬워하고 있던 참이었다. 애견 동반이 가능한 곳이라서 벼리도 같이 들어갈 수 있었다.

우리는 바 테이블에 마주 앉아 오늘의 커피와 카푸치노를 주문했다. 벼리는 챙겨 온 물을 마셨다. 셋이 함께 있어서였을까. 어제와 같은 공간이지만 오늘이 더 아늑하고 따뜻했다. 커피 향도 더 진했다. 창밖으로 보이는 봉황대의 아름다움을 혜원과 함께 수 있어서 행복했다.

집에 돌아가서 마실 〈미드나잇 블렌드〉 원두 한 봉지를 사서 밖으로 나왔다. 어느 한 곳 소외 없이 햇볕 드넓게 비추는 봉황대 광장을 산책했다. 따뜻한 경주의 한낮을 만끽했다. 출발 시간을 미루자 한없이 여유로워졌다. 우리는 새로운 목적지를 하나씩 더하며 경주에서의 남은 시간을 늘리려 했다.

"점심은 「이끼」에서 먹는 거 어때?"
"그래. 먹고 황남빵도 사러 가자."
"응. 「월정제과」랑 「목월」도 가야지!"

봉황대 근처에 있었던 오픈 키친 레스토랑 「이끼」에서 점심을 먹었다. 호스트님이 만든 숙소 가이드에 애견 동반 가능 식당으로 등록되어 있던 곳. 토마토 치킨 스튜와 베이컨 크림 파스타를 주문했다. 사장님 혼자서 조리와 서빙을 하고 계셨는데도 음식이 금방 나왔다. 오랜만에 맛있는 스튜와 파스타를 먹었다. 사장님도 친절했다. 벼리를 무척 예뻐해 주시며 불편함 없이 잘 챙겨주셨다. 벼리만큼 나이가 많은 시츄와 가족이라고 하셨다. 마음 선한 사장님이 시츄와 오래오래 행복했으면 좋겠다. 우리도.

「이끼」를 나와 금리단길 쪽으로 걸었다. 도보 5분 정도 거리에 「월정제과」와 「목월」이 있었다. 둘은 120년이나 된 고택을 사이좋게 반으로 나눠 사용하고 있었다. 그대로 남겨둔 옛 문과 서까래가 닿을 듯 낮아 보였던 지붕이 기억에 남는다.

「월정제과」는 우리 밀과 천연 효모를 이용해서 느리게 빵을 만든다고 했다. 마음을 차분하게 만드는 오래된 고택과 빵에 대한 이곳의 신념이 잘 어울렸다. 나는 느린 빵을 좋아한다. 시간을 들여 천천히 만든 빵은 속을 편안하게 한다. 마음 놓고 빵을 골라 담았다. 커피와 함께 먹으면 맛있을 빵과 아침으로 먹기 좋은 빵 몇 개를 샀다.

　옆 가게 「목월」에 가서는 와인을 두 병 샀다. 우리는 와인을 즐겨 마시는데 취향에 이를 지식은 없다. 그러니 매번 다른 와인을 사 오곤 한다. 병목에 걸린 택의 정보를 읽어 보거나 라벨 디자인이 예쁜 와인을 선택했었다. 오늘은 특별히 사장님이 추천해 주신 와인을 구매했다. 꽤 오랜 시간, 우리 눈높이에 맞춰 친절히 설명해 주셔서 재밌게 고를 수 있었다.

　주차장으로 돌아오는 길에 경주의 클래식한 기념품인 황남빵을 샀다. 좋아하는 맛은 아니지만 경주의 상징적인 빵이니까. 클래식이니 맛이니 해도, 한 가지 빵만으로 84년의 긴 세월을 이어오고 있다는 사실이 경이로웠다.

"3박 4일 진짜 짧다."
"응. 하루 같았어."

 한겨울의 낮처럼 짧았던 3박 4일의 경주 여행을 마치고 강릉으로 돌아섰다. 며칠간 몸 구석구석에 찐득하니 묻어 있는 피로. 그와 대비되는 마음의 활기. 내일이면 꺼져버릴 여행의 포만감이 서글펐다.

 돌아가는 고속도로 뒤로 경주가 멀어져 갔다. 우리는 경주 여행을 복기했다. 강릉에서의 지난 삶을 돌아보고, 경주에서의 새로운 삶을 상상해 봤다. 신비로울 만큼 여유로웠던 경주의 풍경. 풍경만큼 친절한 사람들. 마음에 경주라는 새로운 싹이 돋아나 간지러웠다.

경주. 에필로그. 기억

강릉으로 돌아온 다음 날. 적립된 여행의 피로 때문일까. 무겁고 깊은 잠을 잤다. 눈을 뜨자 보이는 건 숙소의 한옥 서까래 천장 대신 익숙한 아파트 흰 벽지였다. 우리는 낮고 좁은 침대가 아닌, 크고 넓은 침대 위에 나란히 누워 있었다.

혜원과 벼리도 쉽게 잠에서 깨지 못하고 있었다. 그만 일어나야 할 시간. 두터운 암막 커튼을 걷으니 해가 벌써 하늘 가운데 올라서 있었다. 소파에 앉아 시원한 물을 한 컵 마셨다. 불과 몇 시간 전이었던 경주 여행의 기억이 지난밤 꿈처럼 산산이 흩어져 갔다. 나는 고단한 몸을 다시 일으켰다. 이제 출근을 하고 일상으로 돌아가야 했다.

"캄파뉴 맛있어. 배도 안 아플 거 같아."
"응. 집 앞에 있으면 좋겠어."

우리는 어제 「월정제과」에서 사 온 무화과 캄파뉴와 루이보스티로 늦은 아침을 먹었다. 캄파뉴는 담백하고 고소했다. 빈속에도 부담 없는 빵이었다. 무미와 자극 사이에 머물러 있는 적절한 맛이 마음에 들었다. 오랜만에 좋은 빵집을 찾았건만, 한동안 만날 수 없다 생각하니 분했다. 조각낸 빵을 곱씹으며 경주읍성과 오밀조밀했던 숙소 앞 골목길, 황리단길을 오가는 사람들의 활기, 커다란 고분을 덮은 노란 햇볕, 친절한 미소를 떠올렸다. 목이 막혔다.

'다른 원두도 더 사 올걸.'

「커피플레이스」의 〈미드나잇 블렌드〉와 〈케냐 카이나무이〉 중에서 어떤 원두로 커피를 내릴지 즐거운 고민을 하다가 미드나잇을 내려 집을 나섰다. 어제 매장에서 마셨던 아침 커피의 향기를 열쇠 삼아 경주의 향취를 붙잡아 두고 싶었다. 오후 내내 경주 커피를 곁에 두고 조금씩 여독을 풀어냈다.

"골고루 잘 사 온 것 같아."
"펼쳐두니까 또 생각나네."

우리는 저녁을 먹고 경주에서 가져온 물건들을

모두 꺼냈다. 식탁 위에 경주 굿즈 팝업 행사가 펼쳐졌다. 「이어서」에서 구입한 두 권의 에세이와 「소소밀밀」에서 고른 그림책. 「라플라너리」의 일러스트 달력과 엽서. 「목월」에서 사 온 이름마저 귀여운 두 병의 와인 〈삐빵 블랑〉과 〈삐빵 루즈〉. 「커피플레이스」와 「바넘커피」의 원두를 나란히 펼쳐두고 흡족해했다.

우리의 하루가 경주를 잊어버리고 있을 때. 무심코 이끌린 눈과 손이 저기에 닿아 행복했던 기억을 다시 불러일으켜 주길 기대한다. 곧 다시 만나자.

2부. 다시 경주
4박 5일 경주여행

2024년 3월 11일부터 3월 15일까지의 기록.

다시 경주. 2주 전. 그리움

"벽에 있는 달력 갈아야겠다."
"뭐 했다고 벌써 3월이지?"

   2024년의 시작도 다른 해와 다르지 않았다. 1월은 존재가 의심스러울 만큼 빠르게 기억에서 지워졌다. 2월은 다른 해보다 자주 내린 눈과 추위 그리고 흐린 날씨가 계속됐다. 마음이 가라앉아 버렸다. 거기에 좋지 않은 자영업 경기도 한몫을 했다. 매정하고 드센 겨울을 지나는 중이었다.

   몸과 마음이 꽁꽁 얼어가는 일상의 연속. 전환이 필요했다. 운동이나 취미 활동으로 나아지지 않는 상태가 오면 여행이 떠오른다. 단순하지만 가장 확실하게 변화를 만드는 법. 몸을 다른 곳에 옮겨 두면 마음도 새로워진다.

"저기... 우리 경주 갈래?"

   방학과 휴가가 있는 겨울 시즌은 2월이면 끝이다. 관광지 자영업자의 비성수기는 3월 1일이 되자마자 시작이다. 2월의 마지막 날 밤. 나는 혜원에게 다시 경주 여행을 가고 싶다고 했다. 겨울에도 가림 없이 볕을 받는 대릉이 있는 곳. 높은 산과 회색 빌딩에 답답하게 둘러싸이지 않는 곳. 운 좋게도 매번 친절한 사람이 반겨주는, 공기마저 여유로운 땅 경주. 나는 지난 12월의 여행 이후 줄곧 경주를 그리워하고 있었다.

"경주 좋지! 가자. 언제 갈까?"

혜원은 3개월 만에 같은 곳으로 여행을 가자는 말을 듣고도 아무런 불만을 표하지 않았다. 그저 웃으며 좋다고, 그래 가자고 했다. 이왕의 여행이면 새로운 곳에 가는 걸 좋아하는 그녀인데. 다른 말없이 자기도 경주에 가고 싶었다고 했다.

가게 영업과 외부 납품 일정을 고려해서 3월의 적당한 날을 정했다. 혜원은 여행을 결심하자 바로 숙소를 예약했다. 이번에도 벼리와 함께하는 여행이라 지난번 숙소에 다시 가기로 했다. 시설이 특별히 좋거나 움직이기 편한 곳은 아니었지만 크게 불편한 것도 없었다. 셋이 지내기에는 충분한 곳이었다. 게다가 끝까지 따뜻하고 친절했던 호스트님과 다시 만나고 싶기도 했다.

　내일부터 4박 5일의 경주 여행을 준비한다. 애써 사진 명소나 맛집을 찾아보지는 않는다. 계획도 세우지 않는다. 우리의 여행 준비는 지난 경주 여행을 회상하는 것. 다시 만날 경주를 기대하며 행복한 2주를 보내는 것. 이제 숙소 하나를 예약했을 뿐인데 벌써 심장이 두근거리고 몸이 따뜻해진다. 흐릿했던 마음이 다시 맑아지고 있다.

다시 경주. 하루 전. 성장

어제는 새로 알게 된 부부 작가님과의 저녁 식사 자리가 있었다. 첫 만남은 2년 전이었다. 강원도 내 콘텐츠 공모전 시상식에 각각 수상자로 참석했을 때 가벼운 인사를 나눴었다. SNS로 가끔 연락을 하는 사이였는데 모처럼 양쪽 다 시간이 나서 귀한 만남을 가졌다.

간단히 밥을 먹고, 커피를 마시며 그동안 지내온 이야기를 나누다가 밤늦게 집에 돌아왔다. 부부 창작자라는 공감대가 서로에게 많은 영감을 주었다. 혜원과 새벽까지 대화의 여운을 즐겼다.

늦잠을 잤다. 이제 내일이면 다시 경주로 여행을 간다. 창밖으로 청아한 하늘이 보였다. 한동안 오락가락했던 눈비와 봄맞이 기승을 부렸던 꽃샘추위가 녹아내렸다. 나는 곤히 잠들어 있던 혜원을 깨웠다.

"경포호 산책하고 오자."

여행을 앞두고 좋은 컨디션을 만들기 위해 경

포호로 산책을 나갔다. 지난 며칠은 흐리고 비 오는 날씨의 연속이었다. 오늘 아침 몰라보게 좋아진 날씨 때문인지 먼저 나와서 걷고 있는 사람들이 많았다. 바람 없이 잔잔한 호수와 먹이를 구하려 부지런히 머리를 집어넣는 오리, 길 따라 늘어선 나무와 풀숲에 숨어 우는 새들을 보며 천천히 걸었다. 나뭇가지에 맺힌 꽃망울이 새로운 시작을 준비하고 있었다.

"오빠. 오늘만 일하면 경주야!"
"그럼 기꺼이 일해야지."

그렇게 40분을 걷다가 집으로 돌아왔다. 산책의 효과로 무거웠던 눈꺼풀이 올라갔다. 근육의 피로감도 줄었다. 출근 전 점심을 함께 먹었다. 혜원이 내일의 여행을 상기시켜 줬다. 마음을 정확히 조준해 날린 서비스 멘트 한 발에 나의 기쁨 스위치가 켜졌다. 언제 어디라도 함께 훌쩍 떠나줄 사람과 살고 있어 행복하다.

'경주는 여전히 안온한 얼굴일까?'

'지난번보다 푸릇한 옷을 입고 있겠네.'
'이번에는 또 어떤 다른 생각을 하게 될까.'
'4박 5일도 짧으려나?'

나는 입속의 밥알을 굴리며 경주를 곱씹었다. 내일의 여행을 생각하는 것만으로도 밥이 달아졌다. 아, 물론 혜원이 만든 꿀맛 같은 반찬이 함께 들어 있었기 때문이다.

"나 하루는 「라플라너리」 사장님 만날 거야."
"진짜? 잘 됐네. 재밌겠다."

혜원이 여행 중 하루에 약속을 잡았다고 했다. 지난 12월의 경주 여행에서 그녀는 「라플라너리」 소품샵을 운영하는 작가님과 친분을 쌓았다. 이번 여행의 넷째 날에는 그 작가님과 오후를 보내기로 했다며 내게 양해를 구했다. 더없이 반가운 약속이라 당연히 좋다고 했다. 두 사람 다 일러스트를 그리고, 디자인을 한다. 문구 소품샵도 운영하고 있어서 일상의 교집합이 많다. 물어보지 않아서 몰랐었는데, 지난 석 달 동안 꾸준히 교류해온 둘이었다.

 사실, 혜원이 약속 이야기를 했을 때 속으로 많이 놀랐다. 그녀를 처음 만났을 땐 낯을 가리고 경계심이 많은 사람이었다. 상대방에게 언제나 진심이고, 정직한 사람이라서 관계에 대한 고민이 많았다. 그랬던 그녀가 지금은 스스로 작은 인연을 만들고, 그걸 조금씩 키워 나가는 기쁨을 누리고 있다니. 몇 년 사이 혜원의 마음 그릇이 많이 커졌다. 옆에서 해준 것도 없는데, 내가 괜히 뿌듯하고 자랑스러운 기분이었다. 한편으로는 나도 그동안 그녀만큼 성장한 것이 있을까 돌아보게 된다.

다시 경주. 첫째 날. 재회

"오빠 이제 일어나. 경주 가야지?"
"몇 시야? 언제 일어났어?"

   월요일 아침 10시. 다시 경주 여행의 첫째 날. 혜원이 나를 깨웠다. 먼저 일어나 여행 짐을 정리하고 있었다 했다. 어젯밤 우리는 SNS에 올라온 경주 사진을 찾아보며 여행 전야를 즐겼다. 나는 설레는 마음을 주체하지 못하고 새벽 3시가 넘어 잠들었다.

   평소에는 나보다 훨씬 잠이 많은데, 여행의 기대감이 그녀를 흔들어 깨웠을까. 거실을 보니 혜원이 싸둔 짐가방이 가지런히 놓여 있었다. 늦잠을 자긴 했지만 출발 시간을 따로 정해둔 건 아니라 다툴 일은 없었다. 둘 다 여유 있는 여행을 선호하는 성향이라 다행인 아침이었다.

"나 잠을 잘못 잤나. 목이 좀 아프네."
"괜찮아? 많이 아파?"

   즐거운 마음으로 침대에서 일어나려는데…. 이

런, 갑자기 오른쪽 목에 근육통이 있었다. 목을 좌우로 돌리는 게 불편했다. 여행의 시작을 통증과 함께하게 될 줄은 상상도 못 했다. 그나마 병원에 가야 할 정도가 아닌 것에 감사해야 했다. 통증이 더 심해지기 전에 파스를 붙였다.

   돌아보면 이런 일이 처음은 아니다. 아니, 자주 그랬다. 절정의 컨디션으로 떠나야지 마음먹고 있다가는 최하의 상태에서 여행을 시작했다. 여기에는 약간의 패턴이 있다. 여행을 마음먹고 나면 하루하루 설렘이 고조되고, 이것저것 찾아보다 보면 늦게 잠드는 일이 허다해진다. 수면이 부족하니 컨디션이 마구 떨어진다.

   그런데 이건 표면적인 이유다. 근본적인 원인은 따로 있다. 심신이 마구 깎여나간 상태에서 여행 욕구가 샘솟는 나의 성향이 문제다. 여행을 떠난다는 생각이 카페인처럼 마음에 녹아들며 일시적인 각성을 일으킨다. 준비 기간 동안 컨디션이 점점 좋아진다는 착각을 한다. 그러다 여행 당일이 되어 1차 각성에서 깨어나면 진짜 몸 상태를 마주하게 된다. 지겹게도 반복이다.

"오늘은 내가 운전할게!"
"고마워. 괜찮겠어?"
"응. 올 때는 오빠가 해."

   강릉에서 경주까지는 차로 약 4시간이 소요된다. 내비게이션에는 3시간 반이 찍히지만 기계는 인간미가 없다. 과속하지 않으면서 휴게소에 마음껏 들어가 간식거리를 사 먹고 하려면 시간이 더 필요하다. 목이 아픈 나를 위해 오늘은 혜원이 드라이버가 되기로 했다. 혜원은 굿 드라이버다. 옆에 타고 있으면 신경 쓸 게 없고 승차감도 좋다. 가끔 장거리 운전을 하고 있어서 걱정은 없었다. 다만 혼자서 감당할 운전의 피로감 때문에 미안했다.

   하늘에 약간의 먹구름이 보였다. 바람이 세지는 않아서 얼굴에 닿은 공기가 시원했다. 우리 짐 반, 벼리 짐 반. 짐도 기름도 가득 채워 넣고 드디어 경주로 출발했다. 지난달 서울 공연을 다녀온 후 흠뻑 빠져버린 일본 록밴드 마카로니엔피츠의 신나는 앨범을 들으며 속도를 올렸다.

"여기요! 멀리 오느라 고생하셨어요."
"안녕하세요. 잘 지내셨죠?"

오후 4시. 익숙한 풍경의 경주 시내를 지나 숙소가 있는 경주읍성 앞에 도착했다. 호스트님과 따님이 함께 마중을 나오셨다. 숙소 밖 주차장까지 오셔서 우리를 반겨주셨다. 서로의 얼굴을 보자마자 미소가 터졌다. 다녀간 지 세 달밖에 안 됐지만 다시 만나서 정말 반가웠다.

우리는 짐을 푸는 것도 잊었다. 숙소 마당에 그대로 서서 그간의 안부를 물었다. 두 분은 지난번에도 그랬듯 벼리와의 다정한 인사를 잊지 않으셨다. 벼리는 숙소 마당이 기억나는지 여기저기 돌아다니며 기분 좋게 킁킁거렸다.

대화가 끝나고 방으로 들어가려고 했다. 호스트님과 따님이 혜원을 불러 선물 하나를 주셨다. 초록의 예쁜 화분이었다. 혜원은 지난 방문 때 숙소 툇마루의 한쪽을 채우고 있던 식물이 참 예쁘다고 마음에 든다 했었다. 호스트님께 식물 이름과 구매처 정보까지 여쭤봤었는데 식물 가게가 문을 닫아 아쉬운 빈손으로 돌아와야 했었다.

강릉에 돌아온 뒤로 그 식물의 존재를 까맣게 잊어버리고 있었다. 이 사랑스러운 경주 사람들은 여태 그걸 기억해두고 있다가 이렇게 깜짝 선물을 준비했다. 그 세심함이 너무 따뜻하고 감사했다. 여행의 시작점부터 행복이 차오르는 경주였다.

"벌써 배가 고프다. 뭐 좀 먹자."
"응. 성동시장에 가보자."

간단히 짐을 정리하고 의자에 앉으니 벌써 5시. 배가 몹시 고팠다. 우리는 벼리를 유모차에 태워 성동시장으로 갔다. 지난 여행 때 혼자서 점심 미션을 해결하러 다녀온 곳. 가본 곳이니 지도 따위는 필요 없었다. 자신만만한 표정으로 나만 따라오라며 길을 안내했다.

성동시장은 격자형으로 구획이 나뉘어 있다. 한 골목에 먹거리가 모여 있어 관광객도 찾아 이용하기 편리하다. 먼저 「보배김밥」에서 성동시장의 특산품 격인 우엉 김밥을 샀다. 포장을 기다리고 있는데, 주인 할머니께서 혜원의 입에 우엉조림을 한가득 넣어주셨다. 나 혼자 왔을 땐 왜 안 주셨었을까. 할머니의 손맛이 담겨 달콤 짭짜름하니 맛있는 우엉이었다.

김밥 집 근처에서 순대와 떡볶이도 샀다. 떡볶이는 분식집, 순대는 도소매 전문점이었다. 순대는 2인분 같은 1인분을 2인분 가격으로 판매하고 있었다. 생각보다 양이 많아서 둘이 다 먹을 수 있을까 걱정됐다. 골목을 돌아 나오는 길에는 감주 가게가 보여서 시원한 감주도 한 통 샀다.

"「라플라너리」에 노트 사러 가야 해."
"그럼, 잠깐만 갔다가 「이어서」에 가자."

6시. 걱정은 곧 현실이 됐다. 너무 먹어서 배가 터질 것 같았다. 여행이 아니었으면 절대 살 일 없었을 어마어마한 양이었다. 이 불쾌한 배부름을 지워내기 위해 산책을 해야 했다. 아직 저녁은 길었다. 우리는 코스처럼 두 장소를 이어서 방문하기로 했다.

    같은 숙소에 두 번째면 이 동네도 두 번째다. 제법 편안하게 느껴지는 거리를 구경하며 「라플라너리」 소품샵으로 향했다. 장난기 많은 혜원. 작가님을 놀라게 해주려고 우리의 방문 소식을 알리지 않았다. 아무것도 모르고 열심히 일하시던 작가님. 갑자기 매장에 들이닥친 손님을 보고 화들짝 놀라셨다. 온다는 말도 없었는데 언제 오셨냐고. 두 사람이 마주 보고 웃는데, 어두운 밖에 대비해 매장 안이 환히 밝아졌다. 혜원에게 또 한 명의 좋은 친구가 생긴 순간이었다.

"이거 선물이에요."
"우와! 저 책 좋아하는데 고마워요!"

    직접 만든 수제 노트와 필기감 좋은 펜, 펜코의 플라스틱 필통 하나를 골랐다. 시간이 없어 계산을 하고 나가려는 길이었다. 작가님이 혜원에게 책 한 권을 수줍게 건네셨다. 깜짝 선물이었다. 아침에 책방 「이어서」에서 골라왔다고 하셨다. 혜원을 생각하며 어떤 책이 좋을지 혼자서 고민하다가 책방에서 추천을 받았다고 하셨다.

작가님은 원래 목요일 약속 때 만나서 줄 선물이었다고 했다. 그런데 오늘 만나고 보니 여행 동안 읽으면 좋겠다는 생각이 들어서 그냥 지금 주겠다고 하셨다. 센스 있는 배려 덕분에 혜원의 여행이 나흘 더 풍성해졌다. 우리는 아쉬운 만남을 뒤로하고 「이어서」로 향했다.

"오늘도 20분밖에 안 남았다."
"하하. 어쩌다 보니 또 마감쯤 왔네."

서점 안은 여전히 평온했다. 문을 열자 나무 향이 코끝에 닿았고, LP 소리가 귀를 깨웠다. 책을 여유 있게 두어 단정한 모습도 그대로였다. 서가는 소수의 책이 구역마다 잘 나누어져 있다. 책이 적으니 큐레이션이 취향에 맞지 않으면 좋아하기 힘든 서점이다. 나는 그게 좋다.

우리는 언제나처럼 흩어져 각자의 마음에 드는

책을 찾아 나섰다. 나는 오수영 작가의 〈사랑의 장면들〉을, 혜원은 임경선 작가의 〈나 자신으로 살아가기〉를 골라왔다. 고민이 많은 그녀 다운 선택이었다. 나는 평소라면 쉽게 고르지 않았을 제목과 이야기의 책을 찾았다. 경주에서는 잠시 강릉의 나와 다른 사람이 되어보고 싶어서 그랬다.

"두 분 전에도 오셨던 거 같은데. 맞으신가요?"
"앗, 네. 석 달 전에 왔었어요."
"맞네요! 어쩐지 분위기가 익숙하더라고요."

 마감 시간이 임박해서 책을 계산하는데 직원분이 우리를 기억해 주셨다. 지난번처럼 마감을 앞둔 시간에 비슷한 옷을 입고, 하얀 몰티즈와 함께 방문해서 알아보셨던 걸까. 오전에 「라플라너리」 작가님이 다녀가셨으니, 우리 이야기가 무의식에 남아있었을지도 모르겠다.

 이유야 뭐가 됐건. 직원분이 부담스럽지 않게 건네주신 반가운 인사가 불편하지 않았다. 경주의, 더군다나 좋아하는 공간의 기억 한 곳에 우리가 남아 있었다는 사실이 기뻤다.

"잘 다녀왔어요? 이거 좀 드셔보세요."
"우와. 맛있겠다. 감사합니다."

 우리는 하루를 마무리할 맥주 한 캔과 과자 한 봉지 그리고 컵라면을 사서 숙소로 돌아왔다. 방에 불이 켜진 걸 보셨는지, 호스트님이 일본 과자와 빵을 쟁반 가득히 담아서 가져다주셨다. 오늘 오랜만에 동생이 일본에서 놀러 왔는데 선물로 사 온 거라며 같이 먹자고 하셨다. 가족의 사랑이 담긴 특별한 과자가 바삭하고 달달했다.

 오늘 하루 경주에서 만난 사람들의 감사한 마음을 나눠 먹으며 여행 첫날에 대한 감상을 공유했다. 혜원은 아까 구매한 새 노트를 펼쳐 하루를 그리고 글을 덧붙였다. 나는 노트북 대신 머리를 두드리며 하루의 행복을 정리했다.

"졸려. 그만 자야지."

"응. 내일도 재밌게 놀자."

   이번 여행 첫날의 마감도 새벽이었다. 생기 있는 내일의 여행을 위해 노트북을 덮었다. 목에서 통증이 다시 느껴졌다. 아침부터 목이 아팠다는 것도 잊어버리고 기쁨과 감사 속에 건강한 하루를 보냈다. 안온하고 충만한 새벽. 우리는 이러려고 다시 경주에 왔나 보다.

다시 경주. 둘째 날. 순간

-두두둑! 두두두두!
-드르르륵! 드드드득!

 아침 7시. 전쟁이라도 난 듯 시끄러운 소리와 바닥을 부시는 진동에 놀라 잠에서 깼다. 무슨 일인가 싶어 밖으로 나가봤다. 숙소 근처의 오래된 한옥에서 철거를 하고 있었다. 현장에 가보니 리모델링 공사를 하는 중이라고 했다. 숙소를 옮겨야 하나 고민할 만큼 크고 무거운 소음이었다.

 숙소로 돌아오는 마당에서 호스트님을 만났다. '왜 하필 두 분이 오셨을 때 공사를 하는지…' 하며 대신 미안해하셨다. 드릴 작업은 오늘 저녁에 끝이 난다고 하셨다. 숙소는 그냥 두기로 했다. 따지고 보면 호스트님, 공사 측, 우리 누구의 잘못도 아니니까. 문제는 해결됐지만 잠이 부족했다.

 우리는 그렇게 비몽사몽 경주에서의 둘째 날을 시작했다. 호스트님이 조식으로 스콘을 가져다주셨다. 어제 산 그릭요거트와 함께 아침을 먹었다. 배고픔이 떠난 자리에 졸음이 몰려왔다. 침대에서 책을 보며 쉬려다가 졸았다. 뒹굴뒹굴 쳐진 몸을 굴리며 시간을 보냈다. 이제 11시였다. 목의 통증이 아직 남아 있어서 또 파스를 붙였다.

토돗. 토돗. 마당에 비가 내리기 시작했다. 어제 일기예보에서는 오후부터 비가 온다고 했었는데 뭐 때문에 이렇게 빨리 찾아온 건지. 추적추적한 아침이었다. 더 가라앉기 전에 밖으로 나가야 했다. 우리는 비 오는 경주의 운치를 즐겨보자며 씩씩하게 숙소를 나섰다.

"점심은 뭐 먹을까?"
"벼리도 갈 수 있는 곳 찾아뒀어. 봐봐."

반려견과 함께하는 여행은 아무래도 행동 범위가 제한적이다. '맛있는' 식당보다 '가능한' 식당을 우선순위에 두고 움직여야 한다. 같은 공간에서 밥을 먹을 수 있다는 것만으로도 감사히 여겨야 한다. 그래도 경주는 강릉보다 많은 음식점에서 애견 동반을 허용하고 있었다.

"쌀국수 먹을까? 카레 먹을까?"
"오늘은 카레 먹자."

혜원이 스마트폰을 부지런히 두드려 찾은 음식점 리스트를 훑었다. 나는 베트남 쌀국수 전문점과 카레 전문점을 선택지로 제안했다. 내게 세상 모든 음식 중 단 한 가지만 먹을 수 있는 비극의 날이 찾아온다면, 그 선택은 무조건 카레다. 혜원은 잠시 고민의 시간을 갖더니 카레를 먹자고 했다. 그녀는 쌀국수를 좋아한다.

우리는 대릉원 공영주차장에 차를 두고 식당으로 향했다. 숙소에서 나올 때보다 비가 거세졌다. 벼리는 유모차 대신 슬링백(어깨에 메는 가방)을 이용해야 했다. 무려 첫 개시. 강릉에서 출발할 때만 해도 이 가방은 우리에게 없는 물건이었다. 유모차로만 다니기에는 불편함이 있어서 어젯밤 충동적으로 당근 거래를 했다. 경주 강아지가 쓰던 슬링백을 경주시민에게 구매했다. 벼리도 나도 처음인 가방이라 불편했지만 어쩔 수 없었다. 이동하는 느껴진 어깨 통증보다 가벼워진 벼리의 무게가 더 아팠다.

카레 전문점은 황리단길 골목 안에 있었다. 주변의 다른 음식점들처럼 한옥을 개조했다. 나는 클래식한 기본 카레를 좋아하는데 아쉽게도 여긴 퓨전 카레만 판매하고 있었다. 도전 정신을 발휘하여 라구 카레와 큐브 스테이크 카레를 주문했다. 가방 안에서 얌전히 기다려 준 벼리 덕분에 편히 밥을 먹고 나올 수 있었다.

"어휴. 배부르다."
"나도. 황리단길이나 걷다가 가자."

3월. 비 오는 비수기의 평일. 황리단길은 그런 조건 따위 아무렇지 않은 듯 놀러 나온 사람으로 가득했다. 우리처럼 귀여운 반려견과 함께 나온 부부, 스마트폰과 카메라로 사진을 찍는 단체, 길가에 서서 십원빵과 쫀드기를 먹고 있는 커플, 손잡고 나란히 걷는 엄마와 딸, 경주로 해외여행을 온 노란 머리의 외국인들. 각양각색의 사람들이 황리단길을 걷고 있었다.

"여기 왔으면 「어서어서」는 들어가야지."
"우와! 안에 사람 진짜 많다."

    봉황대 방향으로 한참을 걸어가다 보니 서점 「어서어서」가 보였다. 어서어서는 '어디에나 있는 서점, 어디에도 없는 서점'을 줄여서 만든 이름이라고 한다. 어제저녁 방문했던 「이어서」는 이곳의 2호점이다. 책을 좋아하는 사람이 황리단길에 왔다면 꼭 한 번은 갈 수밖에 없다. 내부가 6평은 될까 싶은 작은 공간에 책과 사람이 가득했다.

    지난 여행 때 서점 사장님이 쓴 책을 구매했었다. 그땐 자리를 비우셨었는데, 다행히 오늘은 카운터를 지키고 계셨다. 굳게 다문 입. 장발, 검은 안경과 검은 티셔츠. 이어폰을 귀에 꽂고 카운터에 서 있는 사장님의 모습. 이어폰 속에서는 신나는 음악이 흘러나오고, 내적 댄스를 추고 있지 않을까 상상했다. 책으로 꾸며진 클럽의 스타 DJ처럼 보여서 홀로 흥미로워했다. 사장님의 책을 읽으며 떠올렸던 인물과는 전혀 다른 이미지였다.

"여기 오가와 이토 책이 있었네."
"역시. 책 볼 줄 아시는 사장님이야."

혜원은 우리가 함께 애정하는 오가와 이토 작가의 〈날개가 전해 준 것〉을 구매했다. 책은 그녀가 먼저 읽고 내게 넘겨주기로 했다. 어제도 책을 사고 오늘도 책을 샀다. 과소비는 못해도 책소비는 잘하는 우리다. 어쩌겠는가. 책은 비용 대비 최고의 행복감을 가져다주는데. 책소비에 중독되면 빠져나오기가 쉽지 않다.

"진짜 많이 바뀐 거 같아."
"응 훨씬 보기 좋네."

서점에서 코 닿는 거리에 기념품 가게 「베리삼릉공원」이 있어서 그냥 지나칠 수 없었다. 겨우 석 달 사이에 인테리어가 많이 변해있었다. 간판부터 가게 내부 꾸밈과 매대까지 전부 다 바뀌었다. 맞춤 제작한 매대가 생기니 물건들이 제 자리를 찾았다. 바뀐 컬러 톤에서는 안정감이 느껴졌다. 강릉에서 비슷한 일을 하고 있는 터라, 사장님의 고민과 수고의 시간이 고스란히 느껴졌다. 백지 공간에 새로운 것을 만드는 것보다 잘 운영 중인 공간에 눈에 띄는 변화를 주는 게 더 어렵다. 베리삼릉공원은 무사히 잘 다듬어냈다.

나는 경탄의 시간을 마치고 여기서 제작한 〈일상다반사 티백 세트〉를 샀다. 지난 여행 때 숙소에서 잘 내려 마셨었다. 여행 중에 몇 개를 마시고 남은 건 집에 가져가려고 여유 있게 골라 담았다. 그 사이 혜원은 경주를 기념할 만한 귀여운 굿즈 몇 개를 구매했다.

"카페에서 커피 한 잔!"
"응 벼리도 목마르겠어."

커피의 맛도 좋지만 공간과 사람에게서 힙한 매력이 뿜어 나오는 카페. 이제 관례처럼 「베리삼릉공원」 다음은 「노워즈」가 우리의 황리단길 휴식 코스가 되었다. 나는 이 카페의 빛을 좋아한다. 처음 카페에 들어가면 간접 조명뿐인 공간이 너무 어둡게 느껴진다. 그런데 커피를 주문하고 자리에 앉아 있으면 새로운 빛이 보이기 시작한다. 창 너머로 들어오는 자연광이 곳곳을 비추고 있음을 알게 된다. 그 순간부터 커피가 나올 때까지, 나는 살포시 내려앉은 빛의 아름다움을 음미한다.

카페 한쪽 벽면에 〈헤드오브플라워〉라는 블렌딩 원두를 알리는 재밌는 포스터가 붙어 있었다. 샛노란 배경. 빨간 꽃의 얼굴을 하고, 노워즈의 에스프레소 잔을 들고 있는 사람. 잔에서는 작은 꽃들이 무수히 뿜어져 나오고 있었다. 보색으로 대비되는 개성 넘치는 일러스트에 향미가 가득했다. 포스터에 이끌린 나는 〈헤드오브플라워〉 원두를 마셔보지 않을 수 없었다. 그림 그대로 꽃향기와 달콤한 산미로 풍성한 에스프레소였다. 혜원은 따뜻한 카푸치노를 벼리는 할짝할짝 물만 마셨다.

"이제 좀 충전이 된 것 같아."
"나도. 몇 곳만 보고 돌아가자."

카페인 급속 충전 완료로 다시 보행이 가능한 에너지가 채워졌다. 우리는 또 하나 코스가 되고 있는 「소소밀밀」 그림 책방으로 향했다. 나와 혜원의 취향을 저격하는 그림책으로 꽉꽉 채워진 곳. 한번 들어가면 빈손으로 나온 기억이 없다.

책방을 한 바퀴 돌아보고서 혜원은 한요 작가의 〈어떤 날, 수목원〉을 골랐다. 나는 꽃을 좋아하는 혜원을 위해 마리아 지빌라 메리안의 〈새로운 꽃 그림책〉을 선택했다. 손바닥만 한 책 속에 세밀화로 그려진 꽃들이 가득했다. 우리가 고른 두 그림책은 각각의 방식으로 자연을 다루고 있었다. 비교해서 같이 읽어보는 게 또 색다른 재미가 될 것 같았다.

숙소로 돌아가기 전에 지난 여행에서는 일정이 맞지 않았던 기념품 상점 「디스모먼트」에 다녀왔다. 직접 디자인하고 제작한 제품들로만 채워져 있어서 특별함이 있었다. 첨성대가 그려진 엽서, 경주의 랜드마크를 넣은 마그넷, 낱개로 파는 스티커 몇 장을 샀다. 경주 여행을 다녀온 유튜버들의 브이로그에 꼭 한 번씩 등장하는 카페 「올리브」에도 들렀다. 다수의 사람들이 좋아하는 곳은 어떤 매력을 가졌을까 궁금했다.

"쉬고 있어. 딸기 케이크 사 올게."
"응. 차 조심해."

 가볍게 다녀오자고 했었는데, 숙소에 도착하니 오후 6시였다. 혜원을 숙소에 남겨두고 혼자 밖으로 나왔다. 경주에 오면 꼭 먹고 싶었던 「이재원 과자공방」의 영업이 끝나기 전에 딸기 케이크를 사야 했다. 다행히 숙소와의 거리가 멀지 않았다. 가는 길도 익숙해서 늦지 않고 케이크를 살 수 있었다. 다른 제과점의 딸기 케이크보다 조각은 작지만, 맛있는 생 딸기가 한가득 들어있다. 케이크의 카스텔라도 너무 달지 않아서 좋다. 가격마저 싸다.

 숙소로 돌아올 때 일부러 다른 길을 걸어 봤다. 낮은 아파트 단지 상가를 지나는데 작은 빵집이 보였다. 「온비」라는 이름의 비건 베이커리였다. 나는 비건은 아니지만 비건 음식을 좋아한다. 먹고 나면 속이 편안한데 입맛에도 맞다. 가게 안으로 들어가자 고소한 빵 냄새가 침샘을 자극했다. 빵마다 VG(비건), GF(글루텐 프리), NF(견과류 프리), OF(오일 프리) 표기가 있었다. 각자의 기호와 필요에 따라 선택할 수 있게 한 배려가 좋았다. 숙소에 아직 몇 개의 빵이 남아있어서 오늘은 쌀 식빵과 쌀 소금빵만 사서 나왔다.

여행 중 종종 낯선 동네 곳곳을 걸어 다녀 본다. 끌림이 있는 작은 상점을 발견하면 안으로 들어가 본다. 진열된 물건을 가볍게 구경하다 마음이 닿으면 구매를 해본다. 원래 이 동네에 살고 있었던 사람처럼 자연스럽게 행동해 본다. 그렇게 나만의 착각을 즐기곤 한다.

"나 요가 다녀올게."
"재밌게 하고 와요."

오늘의 동네 탐방을 마치고 숙소로 돌아왔다. 우리는 저녁을 먹기 전 각자의 시간을 보냈다. 나는 침대에 누워 어제 사 온 책을 읽었다. 그

사이 혜원은 여행 전에 예약해 둔 원데이클래스 요가를 다녀왔다. 굳어있던 몸이 쫙 펴졌다고 했다. 확실히 얼굴에 생기가 돌았다. 혜원은 여행지에서 꼭 해보고 싶었던 일 중 하나를 해냈다며 뿌듯해했다.

여행 중에 잠시 떨어져 보내보는 것. 처음이라 낯설긴 했지만 서로에게 의미 있는 저녁이었다. 우리는 각자의 시간이 어떻게 행복했는지 맛있게 조잘거리며 식사를 했다. 누구도 원하지 않은 시끄러운 아침으로 시작했던 하루였다. 경주에서의 매 순간을 즐기는 것에만 집중했고 다시 행복한 밤을 맞이할 수 있었다. 우리는 맥주 한 캔을 반으로 나눠 마셨다. 아직 두근거리는 심장으로 여행 둘째 날을 맺음 했다.

다시 경주. 셋째 날. 여유

"우와 날씨 너무 좋다."
"어제는 종일 비만 오더니."
"하하. 하늘은 더 예쁘잖아."

구름이 다 지워진 파란 하늘과 볼에 닿는 따뜻한 공기. 바람 한 점 없이 평온한 아침이었다. 시끄러웠던 공사 소음도 싹 사라졌다. 좁은 골목길을 따라 동네 꼬마의 작은 말소리만 들려왔다. 잠을 잘 자서인지 목의 통증이 줄어들었다. 어제 아침과는 모든 것이 달라진 행복의 아침이었다.

아침은 저녁에 비건 베이커리에서 사 온 쌀 식빵과 쌀 소금빵을 반반씩 나눠 먹었다. 팥호박차 티백을 따뜻하게 우려 함께 곁들였다. 쫄깃쫄깃한 쌀의 식감과 덤덤히 녹아드는 빵의 맛이 아침 식사로 제격이었다.

오늘 숙소의 조식은 베이글이었다. 먼저 먹은 빵으로 이미 배가 불러버렸고 아까운 베이글은 반도 먹지 못했다. 호스트님이 아침 일찍 나가서 사다 주신 것 같은데, 많이 남겨서 죄송했다. 내일부터는 우리가 고른 음식으로 아침을 먹고 싶어서 조식은 안 주셔도 괜찮다고 말씀드렸다.

아침을 다 먹고 나서, 혜원이 오가와 이토의 〈날개가 전해 준 것〉을 내게 건넸다. 읽는 동안 조금 슬퍼졌으니 조심하라고 했다. 나는 애정하는 침대에 드러누워 책을 펼쳐 들었다. 어린 왕관 앵무새 '리본'의 이야기. 혜원이 어디서 그 감정을 느꼈을까 궁금해하며 자취를 따라다녔다. 짧은 미니 소설에 흠뻑 빠져 한량의 시간을 즐겼다.

그사이 혜원은 벼리와 햇볕이 잔뜩 들어온 마당을 산책했다. 벼리는 이곳에만 오면 활기가 샘솟는다. 집에서 보다 바지런히 움직이니 늘 쾌변을 본다. 마당을 저렇게 좋아하는데 딱딱한 아파트 바닥에 살게 해서 미안했다.

"〈그거〉 한 잔이랑 아이스 아메리카노 하나요."
"음... 아이스 아메리카노는 싱글오리진으로 할게요."

1시 반. 커피를 마실 시간이다. 경주에서 가장

좋아하는 카페 「커피플레이스」에 갔다. 문밖의 봉황대는 포근한 햇살을 이불 삼아 낮잠을 자는 듯 고요했다. 산책 나온 강아지는 코를 땅에 박고 풀냄새를 맡았다. 그 옆에 정장을 입은 직장인 두 사람이 테이크아웃한 커피를 마시며 대화하고 있었다. 호쾌하게 웃는 걸 보면 직장 상사 욕을 하고 있을지도. 벤치에 앉아 라디오를 듣고 있는 할아버지가 있는가 하면 익숙한 자세로 누워 광합성을 즐기는 할아버지도 있었다.

카페의 테이블 자리는 모두 2인석이다. 벼리와 함께인 우리는 긴 바 테이블을 이용했다. 바로 옆 자리에서는 경주 손님 다섯 분의 이런저런 얘기들이 들려왔다. 여기서 며칠을 지냈더니 어느덧 경주 사투리 특유의 억양이 귀에 익어있었다.

내 맞은편에 앉은 혜원은 미니 노트에 오늘을 기록하고 있다. 벼리는 옆에 놓인 가방 속에 얌전히 엎드려 있다. 코는 카페 안의 다양한 냄새를 맡느라 바쁘다. 나는 그런 둘을 보며 지난 여행의 커피플레이스를 회상했다.

곧 주문한 커피가 나왔다. 커피는 손바닥만 한 원두 안내 카드와 함께 나왔는데, 거기 적힌 커피 플레이스 정동욱 대표의 문장이 마음에 확 꽂혔다. 제 자리에 머물며 나아지길 바랄 순 없지 않느냐는 말. 지금의 내 상황에 맞닿아 있는 한 줄이었다. 나는 왜 정체에 이르러서야 새로움을 찾아 떠나는 걸까. 그전에 한 발만 먼저 움직여도 좋으련만.

혜원이 주문한 아이스 아메리카노는 〈과테말라 엘 센데로〉 싱글 오리진. 맛이 어떤가 궁금해서 나도 한 모금을 얻어 마셨다. 은은하게 느껴지는 청포도 향이 산뜻하고 시원했다. 에스프레소 잔에 담긴 〈그거〉는 혜원과 나눠 마셨다. 경상도 사투리를 녹여 만든 이 독특한 이름의 커피는 싱글 오리진 에스프레소에 꿀과 설탕을 넣어 만들었다. 혜원의 아이스 아메리카노와 같은 원두에서 탄생했지만, 이름처럼 전혀 다른 길에 서 있는 커피였다.

정립해 둔 기준을 까다롭게 유지하되 색다른 맛을 내보일 줄 아는 카페. 친절한 직원들이 눈높이에 맞춰 커피와 공간의 매력을 보여주고 있는 곳. 10평 남짓 작은 카페에서 매번 영감을 받아간다. 경주에 올 때마다 찾아올 수밖에 없는 카페다. 혜원에게 내일 아침에는 혼자서 다시 여기에 올 거라고 미리 말해두었다.

"배고프지? 밥 먹고 움직이자."
"응. 오랜만에 오리고기 어때?"

 오후의 가운데쯤. 우리는 경주 외곽에 있는 오리 불고기 전문점에서 늦은 점심을 해결했다. 몇 개의 대형 단체 손님을 동시에 받을 수 있을 만큼 자리가 많은 식당이었다. 점심시간이 한참이나 지나서일까. 직원은 보이지 않고 주인 할머니 혼자서 식당을 지키고 계셨다. 우리는 대표 메뉴인 오리 불고기를 주문했다. 평소 음식을 싱겁게 먹고 있어서인지 오랜만에 강렬한 자극을 느꼈다. 혀가 많이 놀랐다. 양념의 자극을 순화시키느라 밥을 두 배는 먹었다.

"와 생각보다 엄청 넓고 좋다."
"산책하는 사람이 많네."

   과식으로 속이 더부룩했다. 걸어야 산다는 생각이 저절로 들었다. 빠른 소화를 시킬 겸 전부터 와보고 싶었던 황성공원으로 향했다. 숙소의 호스트님이 추천해 주신 큰 공원이다. 두 마리의 강아지와 함께 자주 산책을 다녀온다고 하셨다. 공원은 상상했던 것보다 훨씬 넓었다. 나무를 가득 심고 길을 잘 내두어서 사람과 강아지 모두 산책하기 최적의 공원이었다.

   오래 걷는 게 힘든 벼리는 유모차에 태우고 공원을 걸었다. 입구 근처에 작은 정자가 있었는데 할아버지들이 모여 장기를 두고 계셨다. 뒤에 서 있는 훈수꾼이 더 신나 보였다. 큰길을 따라 걸어가자 나무 아래 벤치가 나왔다. 할머니 두 분이 보온병에 담아 온 차를 나눠 마시며 가족 얘기를 나누고 계셨다. 공원의 숲길은 여러 갈래로 나누어져 있었다. 남녀노소 다양한 사람들이 각자 원하는 길을 골라 산책을 즐기고 있었다.

공원 가운데를 지나는 넓은 포장길 위로 자전거와 유모차가 오갔다. 드문드문 러닝을 하는 사람들도 보였다. 반려견과 함께 나온 사람들을 만나면 동지애를 느꼈다. 가까이 지나갈 때면 서로의 귀여운 강아지를 흐뭇하게 바라봤다. 솔방울을 줍고 있는 꼬마를 가만히 지켜보고 있는 엄마의 얼굴이 행복해 보였다. 공원 안 모두가 평화로웠다.

"「월정제과」도 벼리가 들어갈 수 있었네."
"잘됐다. 커피 마시러 가자."

 황성공원을 나와 숙소로 돌아가기 전 금리단길에 있는 「월정제과」에 들렀다. 금리단길은 또 하나의 황리단길을 꿈꾸는 경주 구도심 중심상가 일대의 명칭이다. 지난번에는 영업이 끝나갈 무렵 방문해서 디저트 몇 개만 사고 나와야 했었다. 오늘은 시간이 넉넉해서 커피까지 마셔보기로 했다.
 우리는 아이스 아메리카노 두 잔과 브루통(은은한 버터 향이 매력적인 구움 과자), 크림치즈 휘낭시에와 까눌레를 주문했다. 친절한 직원분이 벼리를 발견하고서는 뒷마당에 두 개의 별채가 있음을 알려주셨다. 그중 넓은 곳은 강아지와 함께 이용할 수 있다고 하셨다. 뒷마당으로 나가보니 오래전에 유용하게 사용했었을 우물 하나가 보였다. 청명한 밤하늘에 동그란 보름달 하나가 떠오르면 이름 그대로 '월정'이 되었을 우물이었다.

우물 뒤 넓은 별채에는 아직 사람이 없었다. 다른 손님이 왔을 때 불편하지 않게 안쪽에 자리를 잡았다. 혜원은 노트를 꺼내 오후의 감상을 기록했다. 나도 스마트폰 메모장을 켜고 떠오르는 생각들을 간단히 정리했다. 황성공원을 너무 걸어 다녀서 다리 근육에 피로감이 있었다. 가방 안의 벼리는 금방 낮잠에 빠져들었다. 나이가 많아 유모차를 타는 것만으로도 힘들었을 거다.

점원분이 별채로 커피와 디저트를 가져다주셨다. 안에 들어오시며 혹시 춥지는 않은지, 히터를 작동시킬지 물어봐 주셨다. 여전히 별채에는 다른 손님이 없었고 우리는 외투를 입고 있어서 괜찮다고 말씀드렸다. 경주에서는 어딜 가나 친절한 사람만 만나고 있다.

"요가 다녀올게. 9시쯤 끝날 거야."
"응. 즐기고 와요."

   혜원은 오늘 저녁에도 요가를 갔다. 어제 다녀온 원데이클래스가 너무 좋았는데 때마침 오늘도 빈자리가 있다고 했다. 그녀가 하고 싶은 일이라면 범죄를 제외하고는 모두 응원할 준비가 되어 있다. 내향적인 성격의 그녀이지만 타지에서 낯선 사람들과 어울리며 일상을 즐기는 게 신기했다. 나는 혜원이 요가를 다녀올 동안 아무것도 하지 않았다. 벼리와 뜨끈뜨끈한 숙소 바닥에 눌어붙어서 한가로움을 만끽했다. 요가 수업이 끝나기 30분 전. 돌아오면 배가 고플 혜원을 생각해 저녁 메뉴를 고민했다.

'요가 후에 먹는 저녁이니 가벼운 게 좋겠군.'
'낮에 고기, 오후에 빵. 지금은 채소가 필요해.'
'경주만의 포케 전문점! 혜원도 좋아하겠지?'
'끝나는 시간과 배달 소요 시간을 계산하면….'
'오케이. 완벽한데?'

   요가로 생기를 충전한 혜원이 숙소로 돌아왔

다. 얼마 지나지 않아 미리 주문해둔 포케도 도착했다. 샤워를 마친 그녀 앞에 바로 저녁이 준비되었다. 아주 나이스 타이밍. 다행히 포케는 재료가 신선하고 양이 많았다. 가격에 비해 만족스러웠다. 혜원은 나의 센스 있는 메뉴 선정을 칭찬했다. 누워서 손가락 몇 개 까딱하고 사랑을 받다니. 충분히 행복한 밤이었다.

다시 경주. 넷째 날. 찰나

"일어나. 준비해야지?"
"벌써? 몇 시야?"

오전 9시. 혜원이 잠들기 전에 맞춰둔 알람이 울렸다. 자기보다 빨리 일어나거든 꼭 깨워달라며 신신당부했던 게 기억났다. 시끄러운 알람을 꺼버리고 그녀를 살짝 흔들어 깨웠다. 혜원은 알 수 없는 옹알이를 뱉으며 힘겹게 몸을 일으켰다. 무사히 임무를 완수했다. 혜원이 준비를 하는 동안 조금 더 눈을 붙여보고 싶었지만 한번 일어나면 쉽게 잠들지 못하는 나였다.

혜원은 오늘 경주 친구와 점심 약속이 있다. 나는 경주 친구가 없다. 그러니 오후 내내 숙소에서 벼리를 돌보기로 했다. 여행 나흘 차. 안 그래도 체력이 떨어져 있어서 쉬고 싶었다. 나와 벼리는 걱정 말고 재밌게 놀다 오라고 했다.

"「커피플레이스」 좀 갔다 올게."
"응. 11시 반까지만 와요."

혜원의 약속까지 아직 여유 시간이 있었다. 하루 종일 집에 있을 예정이니, 나는 그녀가 외출 준비를 하는 동안 「커피플레이스」에 다녀오기로 했다. 지도 앱에서 카페까지의 왕복 이동시간을 검색했다. 거기에 커피가 나오는 시간, 갑작스러운 변수의 발생을 고려한 여분의 시간까지 더해 계산을 마쳤다.

며칠 사이 아침 기온이 많이 올라갔다. 매일 입었던 외투는 벗어 두고, 반팔 티셔츠 위에 초록색 후드 하나만 걸쳤다. 백팩에 책 한 권을 챙겨 넣고 카페로 출발했다. 지도 앱의 가장 빠른 경로 대신 아직 개척하지 못한 골목길을 돌고 돌아서 갔다.

"어서 오세요."
"안녕하세요. 오늘의 커피 한 잔 주세요."
"저기 바 테이블에 빈자리가 있을 거예요."
"아! 감사합니다."

평범한 목요일 아침임에도 커피플레이스에는

손님이 가득했다. 아침 카페의 한산함을 즐기려고 했었는데 어림없는 일이었다. 커피를 주문하고 빈자리를 찾아 두리번거리고 있었다. 직원분이 바 테이블 쪽에 빈자리가 있음을 알려주셨다. 운이 좋았다. 바깥쪽에서 잘 보이지 않는 자리에 한 자리가 남아있었다.

챙겨간 책을 꺼내 테이블에 올렸다. 주변을 둘러보니 혼자 와서 조용히 책을 읽고 있는 손님이 두 명 보였다. 그들은 모르겠지만 동지를 만나 무척 반가웠다. 밀려있던 커피들이 차례로 주인을 찾아갔다. 나는 바 테이블을 넘나드는 대화 소리에 숨어 커피가 어서 나오기를 기다렸다. 책 보다 흥미로운 남의 이야기에 슬쩍 유혹당하기도 하면서.

"커피 나왔습니다. 오늘의 커피는 재스민 향이 좋은 〈에티오피아 아리차 에이미〉입니다."
"네. 감사합니다."

드디어 고대하던 커피가 왔다. 또렷하게 다가

오는 재스민 향을 맡으며 오수영 작가의 〈사랑의 장면들〉을 읽었다. 페이지를 넘길 때마다 문장의 숨소리가 연극 속 독백처럼 귀에 들어왔다. 꼿꼿하고 단호하게 사랑과 이별을 말하는 목소리. 뜨거웠다. 나는 어떤 목소리로 사랑을 이야기하는 사람일까.

읽고 생각하고 마시고 듣고. 커피잔이 비었다. 한잔 더 마시고 싶었지만 벌써 11시였다. 오후에 먹을 디저트를 사러 가야 해서 카페를 나왔다.

숙소 근방에 있는 「이재원 과자공방」에 들러 생딸기 조각 케이크와 생과일 조각 케이크를 샀다. 카페에서 서둘러 출발한 덕에 혜원의 약속시간에 맞춰 무사히 숙소로 돌아왔다.

"재밌게 놀고, 잘 다녀와."
"응. 점심 맛있는 거 먹어."

이번에는 혜원이 숙소 밖으로 나갔다. 나는 벼리를 안고 그녀를 배웅했다. 벼리는 사라진 혜원을 찾느라 한참 동안이나 문 앞을 서성거렸다. 여행 내내 그랬던 것처럼 셋이서 함께 나갈 줄 알았나 보다. 불안을 멈춰주고 싶어 좋아하는 간식을 꺼내 주의를 돌렸다. 사실은 나도 벼리만큼 어색했다.

아침부터 돌아다녔더니 배가 고팠다. 햄버거가 당겨서 배달 앱을 켰다. 경주에서만 먹을 수 있는 버거 브랜드를 찾았다. 숙소까지 배달도 가능했다. 버거는 원래 매장에서 따뜻할 때 먹어야 제일 맛있지만, 지금은 배달로 먹을 수 있다는 것만으로도 감사해야 했다.

점심으로 주문한 「릭버거」는 황리단길에 있는 수제버거 전문점이다. 이름의 'LIK'은 'Love Is Key Like I Know'의 줄임말이다. 나는 '릭'이 햄버거 때문에 침이 고이는 소리를 표현한 것 아닐까 생각했었다. 예상을 뛰어넘는 감성파 사장님이셨다.

이곳의 시그니처 메뉴는 브랜드와 같은 이름의 〈릭버거〉, 그리고 관광지답게 지명을 넣은 〈경주

버거〉였다. 둘 다 먹어보고 싶었지만 혜원이 없는 관계로 릭버거만 시켰다. 우리 벼리도 버거를 먹을 수 있었으면 좋았을 텐데. 혼자는 역시 아쉬운 게 많다.

릭버거는 소고기 패티와 치즈, 베이컨, 상추, 토마토, 양파, 할라피뇨와 사장님이 직접 만든 소스로 이루어져 있었다. 번과 나머지 재료의 맛은 특별하다고 할 수 없었다. 그런데 패티가 달랐다. 잡내 없는 향과 촉촉한 육즙이 기가 막혔다. 두께까지 두툼해서 더 맛있었다. 심상치 않음을 감지하고 검색해 보니 사장님은 미국과 한국에서 8년간 핏마스터(pitmaster)로 활동하고 있었다. 핏마스터는 바비큐 전문가를 말한다.

내가 강렬한 냄새를 풍기며 버거를 먹는 동안, 벼리는 건식 사료로 점심을 해결했다. 녀석은 노령견이 되면서 점점 사료를 잘 안 먹으려고 한다. 전보다 훨씬 사람 음식을 탐낸다. 오늘도 제 사료를 먹다 말고 다가와 버거를 나눠 주지 않겠냐는 간절한 눈망울을 보였다. 마음이 아프지만 어쩌겠는가. 혼자만 맛있게 먹어서 미안했다.

오후에는 차를 내려 마시며 노트북에 경주 여행의 기록을 추가했다. 누가 시킨 일이 아니니 마감도 없었다. 몸이 찌뿌둥해지면 스트레칭을 하고, 허리가 아프면 그냥 침대에 누웠다. 아침에 보던 책을 마저 읽다가 스마트폰으로 SNS를 하고, 지루하면 TV를 봤다. 오늘은 어제보다 시침이 느렸다. 사랑스러운 벼리는 내가 그러거나 말거나 쌔근쌔근 낮잠만 자고 있었다.

-오빠 나 저녁도 먹고 갈게.
-밥 잘 챙겨 먹어!
-오오. 재밌나 보네. 잘 놀다가 천천히 와.

저녁이 다가올 즘 혜원의 메시지가 도착했다. 새 친구와 마음이 잘 맞는지 저녁까지 먹고 들어오겠다 했다. 마음 한구석에 '막상 만나니까 생각과 달랐어! 빨리 와버리고 싶었다고!' 하며 터덜터덜 돌아오면 어쩌나 하는 걱정이 있었다. 그녀를 잘 모르고 한 쓸데없는 망상이었다. 나는 기꺼운 마음으로 마음껏 즐기다 오라고 답장했다. 경주의 새 친구와 보낸 오늘 하루가 혜원에게는 평생 잊지 못할 추억의 한 조각이 될 거라 생각하니 나도 기뻤다.

 이번엔 혼자서 먹을 저녁 메뉴를 고민해야 했다. 배달 앱이 있어서 선택지는 많았다. 낮에 버거를 먹었더니 저녁은 속 시원한 밀면이 먹고 싶었다. 경주답게 배달 가능한 밀면집이 많았다. 경주 여행 중에 꼭 먹어야 할 음식인 밀면을 밖에 나가지 않고도 먹을 수 있다니. 위대한 배달의 시대요 배달의 나라 만세였다.

 늦은 저녁과 밤의 사이. 드디어 혜원이 돌아왔다. 홍조 가득한 얼굴로 오후에 있었던 일들을 잔뜩 풀어놓았다. 그녀의 신나는 목소리를 들으며 나도 같이 즐거워했다. 식탁에 앉아 간식을 먹으며 한참을 떠들었다. 혜원은 잠시 누워 있겠다더니 그대로 잠이 들었다. 오늘 하루가 얼마나 재밌었는지를 몸소 증명해 보였다.

 날짜가 바뀐 새벽. 나는 경주에서 보낸 며칠의 행적을 되돌아보고 있다. 찰나 같았던 매일의 기억을 모아 반죽하고 글을 쓰며 행복의 시간을 쭉

욱 늘려간다. 지난 경주 여행 덕분에 이렇게 기록이나 감상을 글로 남기는 습관을 얻었다. 마흔이 넘어서야 이 재미를 알게 되어 아쉽다. 더 늦지 않아 그나마 다행이라 여겨야 하나. 이제 날이 밝으면 또 강릉으로 돌아가야 한다. 아쉽다.

다시 경주. 마지막 날. 경주

"으아…. 이제 돌아가야 해."
"하하. 오빤 더 있다가 와."

경주 여행 마지막 날. 우리는 장장 10시간의 깊은 잠을 자고 아침을 맞았다. 체크아웃까지 남은 시간은 한 시간. 여행을 마치고 집으로 돌아가는 날은 간단히 세수와 양치만 한다. 아침밥도 생략이다.

혜원도 나처럼 숙소는 깨끗이 쓰고 떠나야 한다는 주의다. 친절하게 대해 주신 호스트님을 생각하며 다른 숙소에서보다 훨씬 꼼꼼히 정리를 했다. 벼리도 이제 집으로 돌아갈 거라는 걸 아는지 내내 우리 꽁무니를 쫓아다녔다.

여행 첫날보다 캐리어가 두꺼워졌다. 다른 짐들은 대충 싸서 아무렇게나 실었는데, 경주에서 선물 받은 책과 초록 화분은 신줏단지처럼 고이 모셨다.

"또 와주어서 고마웠어요."

"저희도 잘 지내다 가요. 감사합니다."
"강릉에 놀러 갈게요!"
"네. 오시면 꼭 연락 주세요."

 호스트님과 따님은 오늘도 어김없이 배웅을 나와주셨다. 벼리는 먼저 차에 태워두고, 우리 넷은 숙소 밖 주차장에 나란히 마주 서서 작별 인사를 나누었다. 지난번에 헤어질 때와 다르게 아쉬움과 섭섭한 마음이 컸다. 우리는 수요자와 공급자로서의 첫 만남을 잊어버리고 다정한 사이가 되어있었다.

 두 분은 벼리에게도 잘 가라는 인사를 잊지 않으셨다. 벼리는 무표정한 얼굴이었지만 꼬리가 팔랑팔랑 흔들리고 있었다. 경주에서 새로운 사랑을 받아 간다. 백미러 안에 작아져가는 두 사람을 남겨두고 그만 숙소를 떠났다.

"황리단길에 가서 점심 먹고 가자."
"응. 급한 일도 없으니까."

긴팔 티셔츠 한 장으로 충분할 만큼 공기가 따뜻했다. 밥을 먹고 가벼운 산책을 하다가 돌아가면 좋겠다 싶어서 황리단길에 들어갔다. 막 경주에 도착했는지 기념 셀카를 찍고 있는 커플이 보였다. 이미 4박 5일이나 머물다 감에도 샘이 났다.

"어제 먹었던 버거 괜찮았는데. 먹어볼래?"
"오늘 또 먹어도 괜찮아?"
"버거야 언제든 좋지!"

숙소에서 혼자 먹었던 「릭버거」를 혜원에게도 맛 보여주고 싶었다. 아직 맛보지 못한 버거에 대한 아쉬움도 있었다. 다행히 혜원이 좋아했다. 차를 세워둔 대릉원 공영주차장 근처에 매장이 있어서 동선도 좋았다. 나는 명분과 실리를 동시에 챙기며 또 한 번 햄버거를 만날 수 있었다. 우리는 〈릭버거〉와 〈경주버거〉를 하나씩 주문하고 반씩 나눠 먹었다. 역시 숙소에서 혼자 먹었던 식은 버거와는 비교가 되지 않았다. 수제버거는 무조건 매장에서 먹어야 한다. 버거를 입안 가득 우물거리며 창밖을 구경하는데 십원빵을 입에 문 외국인과 눈이 마주쳤다.

"졸리면 안 되니까 커피 마시고 갈래?"
"오빠는 마셔도 괜찮겠어?"

통통하게 튀어나온 배를 두 손으로 애써 감추며 황리단길을 걸었다. 가운데 큰길을 따라 천천히 걸어 다녔다. 커피가 생각나서 좁은 골목 안에 있는 카페로 들어갔다. 한옥을 깨끗하게 리모델링한 곳이다. 밖에서는 보이지 않았는데 커피를 마실 수 있는 마당도 가지고 있었다.

혜원은 아이스 아메리카노를 주문했다. 밖이 더워져서 나도 같은 걸 마시고 싶었다. 하지만 나는 커피만 마시면 자꾸 화장실로 달려간다는 슬픈 전설의 주인공. 그냥 양이 제일 적은 에스프레소를 시켜야 했다. 이곳 「언커먼로스터리」는 로스터리가 들어간다는 이유 하나로 지도 앱에 저장해둔 곳이다. 낯선 여행에서 맛있는 커피를 마시고 싶다면 '로스터리'가 이름에 붙은 카페에 가보길 추천한다. 같은 원두라도 로스터의 기호와 능력에 따라 다양한 커피를 즐길 수 있어서 좋다. 시간의 여유가 없어서 아쉬웠다.

카페를 나와 바로 중심가로 돌아가지 않고 골목길 안으로 더 들어갔다. 골목이 개미집처럼 여러 갈래로 뻗어 있었다. 걸음을 옮길 때마다 음식점과 카페, 숙소 같은 게 번갈아 나왔다.

"선물을 좀 사야겠어."
"그러자. 어떤 걸로?"

내가 골목 탐험을 즐기는 동안 혜원은 강릉 친구들에게 줄 선물을 고민하고 있었다. 여행 기념품답게 '경주'가 잘 보이는 선물을 사자고 했다. 스마트폰을 건네며 「경주체리주」라는 전통주 판매점을 보여줬다. 경주 특산품에 체리가 있는 줄은 몰랐다. 우리는 아까 빠져나온 골목으로 다시 들어가 상점을 찾았다. 가게 안은 3평이나 될까 할 만큼 좁았다. 술의 종류가 두 가지고 박스로 포장되어 있어서 넓을 공간이 필요하진 않았겠다.

〈경주 체리주〉와 〈경주체리 스파클링〉 몇 병을 골고루 구매했다. 체리로 만든 전통주는 처음이어서 우리 몫까지 샀다. 핑크색 체리 캐릭터가 그려진 패키지가 귀여워서 가볍게 선물하기 좋아 보였다.

그만 강릉으로 돌아가야 했다. 우리는 양손에 무겁게 움켜쥔 경주의 흔적을 차에 실었다. 그리고 경주를 떠났다. 목의 근육통이 사라졌다. 돌아오는 길은 혜원과 교대로 운전했다. 우리는 오는 내내 경주 여행의 추억과 감상을 떠들었다. 졸리거나 지루할 틈은 없었다.

"휴…. 우리 집이다."
"엄청 오랜만이네."

저녁이 다 되어 강릉에 도착했다. 며칠 전에 뱉은 공기가 집안에 그대로 머물러 있었다. 혜원이 창을 여는 동안 나는 짐을 풀었다. 짐도 빨래도 잔뜩 쌓여서 그대로 한참을 정리했다. 벼리는 그동안의 집을 점검했다. 몇 바퀴나 둘러보고서야 제집으로 돌아갔다. 먼 길을 돌아오느라 피곤했는지 곧 잠에 빠졌다.

혜원이 세탁기 가득 빨래를 넣고 청소기를 돌렸다. 그사이 나는 내일의 영업을 준비했다. 가게 문 앞에 쌓여있던 택배 상자를 뜯고 물건을 진열했다. 우리는 아주 빠르게 일상으로 복귀했다. 여행자에서 다시 자영업자로 돌아왔다.

"기분이 이상해. 계속 강릉에 있었던 것 같아."
"그러게. 꿈속에서 있었던 일 같네."

돌아온 강릉의 밤. 불과 몇 시간 전이었던 경주 여행이 파도처럼 흘러 나갔다. 집에 없었던 게, 며칠이나 경주에 있었던 게 맞는지 혼란스러웠다. 경주의 시간이 뚝 잘려 나간 기분이었다.

우리는 강릉으로 돌아온 후에도 각자의 하루를 기록하고 있다. 경주에서의 매일 밤처럼. 혜원은 그림을 그리고 나는 글을 쓴다. 행복했던 4박 5일의 경주 여행을 놓치지 않으려고.

다시 경주. 에필로그. 후유증

2024년 3월 16일. 토요일 오후 4시.

주말의 강릉은 평일과 비교도 할 수 없을 만큼 관광객이 많아진다. 감사하게 우리 가게도 같이 바빠진다. 그런데 오늘은 혜원이 홀로 손님을 맞이했다. 고장 난 자동차처럼 힘없이 퍼져버린 남편을 대신해 혼자서 돈을 벌러 나갔다. 여행의 여흥을 즐길 새도 없이 먹고사는 삶의 최전선을 지키고 있었다.

혜원도 긴 여행으로 몹시 피곤했다. 하지만 넓은 아량을 발휘해 내게 하루의 휴가를 부여했다. 천생 집돌이인 나는 집 안에 있을 때 가장 건강한 사람이다. 밖에 나가 있으면 금방 체력이 떨어진다. 일정이 빡빡한가는 중요하지 않다. 휴양이든 탐험이든 결과는 같다. 이번에도 그랬다.

'숙소에 머무는 건 아무래도 불편하니까.'
'그래, 이게 다 경주에 집이 없어서….'

자기 합리화에 능한 나는 이 모든 피로의 원인을 운동 부족 대신 환경 탓으로 돌려놓고 경주의 부동산 사이트를 뒤지기 시작했다.

  '거주하기에는 어떤 동네가 괜찮을까. 아파트는 인프라가 우수하고, 주택은 마당이 있어서 벼리가 좋아하겠지. 가게도 옮겨야 하잖아. 상가주택을 사면 임대료가 빠지는데... 근데 우리 돈이 있나?'

  오후 내내 컴퓨터 앞에 앉아 부동산에 올라온 게시물을 클릭했다. 있지도 않은 예산까지 계산기에 넣어가며 가능성을 두드려봤다. 혜원은 아직 모르는 일. 나는 경주 여행의 후유증으로 망상에 허우적거리는 오후를 보냈다.

2024년 3월 17일. 일요일 오후 4시.

  가게 카운터에 서서 강릉으로 여행 온 손님을 맞이하고 있다. 일을 오래 하다 보면 현지인과 관광객을 한눈에 구분할 수 있다. 손님들은 모르겠지만 그들의 얼굴에 설렘과 흥분이 잔뜩 묻어 있다. 대화와 몸짓에 숨길 수 없는 여행의 기운이 일렁거린다.

'여러분~ 저도 여행자였어요!'
'강릉 좋죠. 근데 경주에도 한번 가보세요!'

나는 행복한 여행자들 사이에서 홀로 고독한 섬이 되어 소리 없는 아우성을 외쳐본다.

강릉은 여행자의 막힌 일상을 시원하게 환기해 주는 아름다운 여행지다. 가끔 놀러 오는 지인들은 이런 곳에서 사는 내가 참 부럽다고 했다. 하지만 강릉에 온 지 8년. 나의 강릉은 이제 소비기한이 끝나가고 있었다.

2024년 3월 18일. 월요일 오후 4시.

경주에서 돌아온 지 삼 일째. 여행의 기억이 흐릿하다. 나는 경주에서 만난 세 카페 「커피플레이스」, 「노워즈」, 「언커먼로스터리」의 SNS를 돌아가며 훔쳐보고 있다.

'커피플레이스 대표가 벚꽃 사진과 봄 이야기를 올렸네. 봄의 경주는 또 얼마나 예쁠까.'
'노워즈 헤드오브플라워가 지난주에 나온 신상 원두였다고? 으아! 원두를 사 와야 했어.'
'언커먼로스터리에 커스터드푸딩이 있었네? 그것도 일주일 전 출시?! 혜원이 좋아했을 텐데.'

경주에서 올라온 게시물들을 보며 생각이 많아졌다. 강릉의 자랑거리 테라로사 원두로 내린 커피를 홀짝거리며 경주를 그리워했다.

"다음 주 월요일에 친구랑 여행 다녀와도 돼?"
"응. 어디 갈지는 정했어?"
"경주! 당일 여행이야."
"응? 또 경주에 간다고?"

가게 문을 닫고 집으로 오자마자 혜원이 자신의 여행을 공지했다. 친구가 오랜만에 같이 여행을 가자고 제안했다고. 육아로 바빴던 친구에게 오랜만에 소중한 시간이 생겼다며 좋아했다.

혜원은 여행지를 정하던 중 친구가 아직 경주에 가보지 못했다는 충격적인 사실을 들었다. 다른 곳을 가고 싶지만 자기가 기꺼이 희생해 경주로 여행을 떠난다고 했다. 친구를 명분 삼아 열흘 만에 또 경주에 가겠다니. 아무래도 혜원은 경주와 바람이 난 것 같다. 어쩐지 오늘따라 평소보다 잘 챙겨주더라니.

나의 여행 동의, 허가 아닌 지지를 시작으로 혜원의 여행 준비가 시작됐다. KTX를 예약하고 서울에서 친구를 만나 다시 경주로 내려간다는 세부 계획을 알려줬다. 그녀는 내가 이 글을 쓰는 동안에도 친구와 가볼 만한 곳을 선정하느라 열심이다. 여행을 다녀온 후 줄곧 피곤해 보였는데. 가뭄에 단비를 맞아 꽃처럼 활짝 핀 얼굴이다. 흥. 경주를 좋아한 건 내가 먼저였다.

3부. 혼자 경주
3박 4일 경주여행

2024년 4월 15일부터 4월 18일까지의 기록.

혼자 경주. 망설임

경주를 다녀온 후 빠짐없이 매일 밤 글을 쓰며 지냈다. 지난 12월과 이번 3월 여행에서 찾은 이야기의 조각들을 모았다. 그때로 돌아가 기억과 감정을 덧붙여 써 보고, 지금의 생각과 다른 건 슬쩍 지워버렸다. 그렇게 매일을 경주와 재회했다. 지금껏 경험한 어떤 글쓰기보다 행복했다.

"오빤 언제 갈 거야?"
"아직 모르겠어. 생각 중."

2024년 3월 24일. 일요일. 경주에 다녀온 지 9일째 되던 날 밤. 여전히 글로 경주를 추억하고 있었다. 옆에서 짐을 싸고 있던 혜원이 계획을 물어왔다. 그녀는 내일 친구와 진짜 경주로 여행을 간다.

며칠 전 혜원에게 또 한 번의 선언을 했었다. 혼자서 경주 여행을 다녀와 보려 한다고. 그동안 남편에게서 찾아볼 수 없었던 모습에 기대가 컸을까. 혜원은 아주 좋은 생각이라며 나의 혼자 여행을 응원했다. 그런데 여태 여행 날짜조차 정하지 못하고 있는 게 꽤 답답했을 거다. 선언이 아니고 허언이냐고 해도 할 말이 없었다. 목적지는 진작에 정했다. 일단 날짜부터 정해두고 필요한 걸 하나씩 짜 맞춰 가면 될 일이다. 방법을 알면서도 움직이지 않는다. 여행 계획보다 마음이 준비를 마쳐야 시작 버튼이 눌리는 사람이다. 그냥 혜원이 원하는 답을 주고 넘어가면 될 텐데. 거짓말은 또 하기 싫어서 곧이곧대로 말해버린다.

'4월 중에는 가겠지. 결혼기념일은 절대 피해야지. 사람이 바글바글 한 건 싫은데…. 이상기온 때문에 벚꽃 시즌이 자꾸 뒤로 미뤄지네. 가게 운영에 차질이 없게 하려면 혜원의 일정도 고려해야겠지. 또 뭐가 있더라…. 아! 치과 잇몸치료 날짜가 다가오고 있었네. 자동차 정기 검사도 4월이고. 근데 원하는 숙소가 그 날짜에 있으려나….'

내가 아직 여행을 떠날 수 없는 100가지 이유가 줄줄이 이어져 나왔다. 이런 생각들을 치우지 못하고 날짜를 잡으려 하니 계속 제자리걸음이었다. 그런데 이걸 하나씩 다 클리어하고 나면 또 새로운 이유가 '짠! 나도 있었지!' 하고 등장할 테다. 이렇게 고민만 할 거면 그냥 집에 있는 게 나았다.

사실 여행만 그런 것도 아니었다. 그동안 만났던 수많은 '하고 싶은 일'이 먼지 가득 쌓인 채 마음 한구석에 처박혀 있었다. 여기저기서 끌어모은 핑계를 붙여 눈을 가리고 스스로를 위로했다. 삶의 태도가 그랬다. 또 이대로 안주할 수는 없었다. 이제라도 내면을 향해 질문을 던져야만 했다.

'너 지금 여행을 가고 싶은 건 맞아?'
'당연하지. 내가 먼저 혜원에게 말했잖아.'
'돌아온 지 얼마 안 돼서 귀찮은 건 아니고?'
'요즘 여행이 너무 재밌거든. 혼자 하는 여행도 이렇게 좋을까 궁금하고.'
'하... 왜 꼭 경주에 가야 하는데?'
'혼자는 처음이라…. 익숙한 데가 낫지 않나?'
'뭐래. 너 혼자 가는 게 무섭냐?'

혼자 여행 한번 떠나는 게 무슨 대단한 일이라고 자아를 나눠 문답까지 주고받았다. 부끄럽게도 마흔이 넘은 지금까지 혼자서는 여행을 떠나본 적이 없었다. 그동안 경험해 보지 못한 것의 불확실성에 대한 반응. 몹시 불안해하는 마음. 아니, 두려움을 느끼고 있었다.

다 자라다 못해 곧 다시 작아질 날이 다가오는 나이인데, 스마트폰과 신용카드만 있으면 어디에 떨어진들 무서울 게 뭐가 있을까. 사회적 나이만큼 성장하지 못한 어린 마음이 회피라는 방어기제를 작동시키고 있었다. 그동안의 핑계는 모두 자기 합리화의 달콤한 먹이일 뿐이었다.

나의 어두컴컴한 내면 한구석에 잔뜩 웅크려 있던 겁많은 아이가 가여웠다. 용기를 내자. 저 작은 손을 잡고 밖으로 나가자. 나의 미성숙함과 두려움을 인정하고 받아들이기로 했다. 조금씩 혼자의 여행을 바라보는 마음이 편안해졌다. 다시 여행의 설렘이 보였다. 마침내 새로운 여행을 떠날 준비가 되었다. 이제는 혜원에게 여행 날짜를 알려주어야겠다.

혼자 경주. 숙소

2024년 3월 25일. 월요일.

　저녁 식사 시간. 혜원에게 3박 4일의 경주 여행 일정을 공식 발표했다. 나보다 그녀가 더 후련한 표정이었다.

　잠들기 전까지 각자의 시간을 갖는 새벽. 컴퓨터 앞에 앉아 경주 여행을 준비했다. 계획이야 원래 없이 다니니 패스. 숙소는 예약을 해둬야 했다. 그동안 혜원의 어깨너머로 배운 노하우를 활용했다. 네이버와 숙박 플랫폼을 먼저 검색해 보고, 괜찮은 곳은 블로그와 SNS로 후기를 찾아 상세히 살폈다.

　이번 여행은 차를 가져가지 않는다. 운전을 좋아하지 않는 데다 장거리는 피곤해서 KTX를 이용하기로 했다. 강릉에서 서울역까지 가서 다시 경주행으로 갈아타야 하는 번거로움과 높은 비용을 감안해도 KTX가 답이었다. 책을 보거나 부족한 잠을 보충할 수 있다. 호텔처럼 음료 자판기와 화장실도 갖추고 있다. 더군다나 기차여행은 낭만 아닌가.

차가 없으니 숙소는 가능한 경주 시내나 황리단길 근처에 잡으려고 한다. 교외 지역은 작년에 이미 다녀왔다. 이번에는 중심가를 벗어나지 않는 여행이다. 숙소 근처를 돌아다니며 작은 경주를 즐기다 와야지. 걷는 걸 좋아해서 가까운 거리는 도보로 충분하다. 경주는 택시도 많다. 기회가 되면 버스도 타볼 생각이다.

　　숙박 예산은 하루 15만 원 이내로 정했다. 슬프게도 벽과 바닥만 있으면 밤을 보낼 수 있는 20대 청년 시절은 진작에 지나가 버렸다. 3박 4일간 아픈 곳 없이 놀다 돌아오려면 비용을 들여서라도 숙소의 질을 높여야 했다. 한 살이라도 어릴 때 여행이나 많이 다니라고 잔소리하던 한 선배의 조언이 떠올랐다. 청춘은 쓰지 않으면 곧 사라져 버리는, 유효기간이 임박한 할인쿠폰이었다.

2024년 3월 26일. 화요일.

　　어디가 좋을지 카테고리부터가 고민이었다. 호텔과 한옥 숙소 그리고 게스트하우스. 숙소 유형을 크게 셋으로 분류하고 장단점을 비교했다. 그동안 생각해 본 적 없는 일이어서 머리가 아팠지만 귀찮지는 않았다.

첫 번째 후보 호텔. 호텔은 역시 안정감이 가장 큰 장점이다. 로비에 직원이 항상 상주하고 있어서 편리하고 안전하다. 아파트에 살고 있어서 익숙한 방의 구조가 편안하다. 다른 숙소 유형보다 편의시설도 잘 갖춰져 있다. 반면 호텔은 내게 새로운 경험을 느끼게 할 요소가 없다. 지내는 동안 불편한 문제가 발생한다면 특별한 경험이 되겠지만. 모텔급이나 비즈니스호텔을 넘어가면 가격도 많이 높다. 이름이 알려진 프랜차이즈 호텔은 거의 경주 외곽에 위치하고 있다는 것도 단점이다.

두 번째 후보 한옥 숙소. 경주의 전통 한옥을 리모델링해서 만들었거나 최근에 한옥 구조로 새로 지어낸 곳이다. 황리단길 일대에 주로 분포해 있어서 도보 여행에 유리하다. 가장 큰 장점은 감성이다. 한옥 숙소에서 감성을 빼면 불편함만 크다. 한옥 고유의 목재와 아름다운 곡선이 사각에 익숙한 눈을 부드럽게 다듬어 준다. 대부분 마당을 품고 있어서 방해 없이 한적함을 즐기기 좋다. 경주나 전주처럼 전통가옥이 많은 곳이 아니면 체험하기 힘들다는 점도 매력적이다. 단점은 가격이다. 황리단길 근처 한옥 숙소는 웬만한 호텔보다 숙박료가 비싸다. 마당을 가진 독채는 특히 더 비싸서 예약할 엄두가 안 난다. 여러 객실로 나누어진 한옥 숙소를 이용하면 비용을 낮출 수 있다. 대신 마루와 거실, 부엌과 마당을 공유해서 낯선 사람과 마주칠 일이 있다. 제일 큰 단점은 방음이 좋지 않다는 점이다. 아무래도 행동의 제약이 있는 숙소 유형이다.

게스트하우스는 장단점이 심플했다. 최고의 장점은 가격. 비교할 수 없이 제일 저렴하다. 저마다의 문화와 개성이 뚜렷한 것도 매력적이다. 대신 편의성은 딱 비용만큼 제공된다. 게스트하우스의 단점은 아니지만 숙소에 대한 나의 무지도 불안요소다. 그럼에도 게스트하우스를 카테고리 유형에 넣은 이유는 한 가지다. 아직 경험해 본 적이 없기 때문. TV와 책에서만 봤던 존재에 대한 환상 혹은 호기심이다. 내게는 복권 같은 게스트하우스다.

비교해 본 세 카테고리의 숙소가 모두 장단점이 뚜렷해서 모든 가능성을 열어두었다. 생각보다 숙소를 정하는 데 시간이 오래 걸리고 에너지 소모가 컸다.

일단은 숙박비와 위치를 고려해서 1차 서류심사, 리뷰를 읽으며 2차 사진 면접을 진행했다. 주변 접근성, 침구의 청결도, 방음 여부, 마트와의 거리, 가성 항목에 추가 점수를 줬다. 예산을 넘어서는 곳, 시설이 낡은 곳, 홈페이지나 SNS가 없는 곳, 불친절하다는 후기가 있는 곳은 감점을 줬다. 조식은 없어도 좋아서 제외. 내가 뭐라도 된 듯 한참 동안 심사위원 놀이를 했다. 그러고도 숙소는 정하지도 못했다. 나는 저 숙소들에게 뭘 원하는 걸까. 여행의 편안함일까. 감성의 자극일까. 새로운 경험일까. 여전히 마음을 모르고 갈팡질팡했다.

2024년 3월 29일. 금요일.

여행 2주 전. 결국 예산 범위 안에 있던 모든

한옥 숙소의 예약이 마감됐다. 검색 필터의 가격을 더 높여봐도 마찬가지였다. 행동을 미루고 고민을 즐기는 사이 누군가는 재빨리 예약 버튼을 눌렀다. 선착순 경쟁 사회에서 결정도 움직임도 느렸던 나는 선택권을 박탈당했다. 찾아내서 비교 검토하는 건 좋은 습관이다. 하지만 시의적절한 결정이 따르지 않으면 다 무용지물이다. 점점 한옥 숙소로 마음이 움직이고 있었는데…. 포기해야 했다.

나의 숙소 구하기 프로젝트는 이제 완전히 다른 국면에 접어들었다. 게스트하우스는 일찌감치 포기했었고, 한옥 숙소로 방향을 정한 후 호텔은 장점보다 단점이 더 눈에 들어와 있었다. 에라 모르겠다. 그냥 '아무 곳'이나 가지 뭐. 포기하면 다 편해질 것 같았다. 이러다 호텔도 다 예약이 마감될까 불안이 솟구쳤다.

어깨를 축 늘어뜨리고 모니터 앞에 앉아 있는 나를 발견하고 혜원이 다가왔다. 그녀는 상황 파악을 마치자마자 숙소를 찾기 시작했다. 그동안의 여행에서는 혜원이 알아서 숙소를 구했었다. 이렇게 번거롭고 귀찮은 일을 혼자 다 했다니. 그녀에게 고맙다고, 고생했다고 말했어야 했다. 두드려 맞아보니 아픈 걸 알았다. 미안하고 부끄러웠다. 혜원은 아직 시간이 남았으니 너무 걱정하지 말라고 했다. 숙소는 중요하니까 더 찾아보자고 결정하자며 나를 위로했다.

2024년 3월 30일. 토요일.

-오빠 여기도 한번 봐봐.
-고마워. 들어가 볼게.

가게를 가득 채우고 있던 손님들이 모두 빠져나갔다. 매대 곳곳이 비어 얼른 재고를 채워 넣고 있었다. 혜원이 플랫폼에서 찾은 숙소 링크를 몇 개 보내줬다. 조용하다 했더니, 오전 내내 숙소를 알아보고 있었나 보다. 내 허리가 좋지 않아서 한옥보다 현대식 숙소가 나을 거라고 했다.

잊고 있었다. 한나절이라도 좌식 생활을 하면 허리가 너무 아프다는 사실을. 대부분의 한옥 숙소는 당연히 잠자리도 테이블도 다 바닥에 있었다. 처음부터 내게는 적합하지 않은 숙소 유형이었다.

얼른 혜원이 보내준 링크를 열어봤다. 하나같이 경주 시내 중심가 혹은 황리단길과 가까우면서 주변이 조용한 곳에 있었다. 생긴 지 오래된 곳도 제외했는지 다들 내부 상태가 깔끔하고 예뻤다.

며칠 전만 해도 혼자 숙소를 구해 보이겠다고 허세를 부렸었는데 결국 또 혜원의 도움을 받았다. 나는 선별 제공된 몇 개의 숙소 중 제일 마음에 드는 하나를 선택했다. 계획했던 예산을 조금 초과하는 곳이었지만, 금리단길 안에 있어서 접근성이 좋았다. 방이 넓고 인테리어가 멋있었다. 1층에는 호스트가 직접 운영하는 카페도 있었다. 갑작스러운 일이 생겼을 때 처리가 빠를 것 같았다. 숙소에서 애정하는 「커피플레이스」까지 1분이면 갈 수 있었다.

같은 실수를 반복할 수는 없었다. 이번엔 바로 결정하고 행동으로 옮겼다. 공유 숙박 앱을 이용해 숙소를 예약하고 입금까지 끝냈다. 드디어 잘 곳이 생겼다. KTX도 곧장 예매했다. KTX도 이미 빈자리가 별로 없었다. 아찔했다. 이제 경주에 갈 수 있다. 긴장이 탁 풀렸다. 갑갑했던 속이 시원해졌다. 도와준, 아니 다 해준 혜원에게 감사하며 후회 없이 잘 지내다 와야지. 결과는 못 내어도 혼자서 어떻게든 해보려는 과정은 만들었다. 다음에는 더 나아지겠지. 본격적으로 돈을 쓰기 시작하니까 진짜 여행을 간다는 기분이 느껴졌다. 혼자서 하는 첫 여행. 혼자 경주 여행이 이제 16일 남았다.

혼자 경주. 일주일 전

경주로 돌아가기까지 일주일이 남았다. 생각보다 무난히 흘러가고 있는 시간에 놀랐다. 원래 월급날은 슬로모션처럼, 카드값 결제일은 쏜살같이 날아오는 법인데 이상한 일이다. 좋아하는 경주를 다시 만난다는 설렘이 흐르는 시간을 휘감아두면, 혼자 떠나는 여행의 두려움은 그 시간을 풀어버렸다. 나는 계속되는 두 감정의 싸움 속에서 하루하루를 보내고 있었다.

출발 일주일 전이니, 여행자의 기분을 내보고 싶었다. 블로그에서 경주 혼밥 하기 좋은 식당, 혼술 하기 좋은 술집 따위를 검색했다. 유튜브도 들어가서 혼자 여행을 다니는 브이로그를 찾아 시청했다. 그들은 성별과 나이에 관계없이 혼자서도 씩씩하게 여행을 즐기고 있었다. 여행 중에 막막한 순간이 찾아와도 선배님들이 남겨둔 발자취가 있어 안심이었다.

지난 경주 여행에서 방문했던 상점들의 SNS에 들어가 요즘은 어떻게 지내는지 살펴봤다. 인터넷 뉴스 기사에서도 경주를 검색했다. 얼마 전 벚꽃 마라톤 대회를 무사히 마쳤고, 벚꽃은 이제 절정에 달해있었다. 경주는 나 없이도 잘 지내고 있었다.

   혼자인 경주를 상상했다. 나도 혜원처럼 경주 친구가 갖고 싶어졌다. 지난 여행 때 경주에서 친구를 만들어 가는 그녀의 모습이 신기하고 부러웠다. 나도 하루는 친구를 만나 그간의 안부를 주고받을 수 있다면 얼마나 좋을까. 밥을 먹고 커피를 마시며 잘 모르는 경주의 이야기를 듣고, 친구가 궁금해하는 나의 강릉 이야기를 들려줄 수 있다면 얼마나 행복할까. 나도 경주에서 친구를 만들 수 있을까? 빈틈이 보이지 않는 높고 단단한 벽에 가로막힌 것처럼 막막하다. 돌아보면 아내는 무에서 유를 만든 경이로운 인간이었다. 나는 제 주제도 모르고 감히 혜원을 기특해하고 있었구나. 그 경솔함을 반성했다.

   다시 만날 경주에서는 또 무엇을 보고, 듣고, 가져오게 될까. 지난번엔 4박 5일간 매일 글을 썼다. 경주의 하루를 마감하며 글을 남기는 행위에서 시원한 맥주 한 캔의 청량감을 느꼈었다. 이번 여행에서도 그 성취감을 가질 수 있을까.

글쓰기에 대한 욕구는 늘 가지고 있었다. 그러나 타고난 게으름과 내 글에 대한 부끄러움, 그로 인한 방어기제 앞에서 매번 무너졌던 나였다. 경주에서 경험한 글쓰기의 즐거움은 알코올처럼 온몸에 스며들며 경계를 느슨하게 풀어헤쳤다. 그리고 서서히 중독시켜 나갔다. 강릉에 돌아와서도 매일 글을 쓰며 그 재미에 빠져버렸다. 지금 마음으로는 3박 4일 내내 숙소에서 글만 쓰다가 돌아와도 행복할 것 같다.

여행은 박씨 문 제비처럼 예상 밖의 순간을 하나씩 가져다준다. 거기서 도깨비가 나올지, 금은보화가 나올지는 박을 타봐야 알 일이다. 이번 경주는 어떤 선물을 준비하고 나를 기다리고 있을까. 얼른 포장을 풀어 확인해 보고 싶다.

글을 쓰다 보면 금세 자정이 넘어버린다. 이제 여행까지는 일주일도 남지 않았다. 경주의 품에서 보내는 포근한 하루를 상상하는 것만으로도 이미 행복감이 차오른다. 앞으로 6일. 시간이 가면 갈수록 나는 행복해지겠다.

혼자 경주. 첫째 날. 봄비

혼자 경주 여행 첫째 날. 6시 알람 소리가 울리자마자 번쩍 눈을 떴다. 아직은 새벽임에도 햇빛이 방안에 들어와 있었다. 봄이었다. 혹시 경주도 날씨가 맑아졌을까 싶어 스마트폰을 켰다. 괜한 기대였다. 오늘은 전국에 비가 내릴 거라고 했다. 게다가 경주는 이미 비가 내리기 시작했는데 그치는 시간마저 늘어나 있었다. 겨우 몇 시간 자고 일어나서 바뀔 날씨가 아니었다.

샤워로 기분을 전환했다. 미리 싸둔 여행 짐을 한 번 더 점검했다. 물소리와 드라이기 소리, 부스럭거리는 소리가 혜원을 깨웠다. 아직 새벽이니까 더 자는 게 좋겠다고 했지만 말을 듣지 않았다. 침대 위를 구르더니 그대로 몸을 일으켰다.

"나 역까지 택시 타고 갈 거야."
"왜? 내가 태워다 줄게."
"큰 짐도 없는데 뭐. 피곤하잖아."
"아냐. 글쓰기 에피소드 하나 늘려야지."

3박 4일이라 딱히 짐이라고 할만한 것도 없었

다. 백팩 하나에 필요한 걸 다 집어넣었다. 캐리어처럼 덩치 큰 짐도 없었다. 그녀는 기어이 역까지 모셔다 주겠다며 따라나섰다. 피곤하지만 자신을 희생해서 내 글감을 하나 늘려주고 있는 거라고 생색 아닌 생색을 냈다. 나는 참 인위적인 생각이라고 화답하며 웃었다.

어쨌거나 혜원의 배려로 더없이 편하게 KTX 열차를 탔다. 얼마 전 그녀가 삿포로로 여행을 떠나던 날. 그땐 내가 이렇게 배웅을 해줬었는데 오늘은 반대였다. 일찍 나온 덕에 플랫폼에서 인사를 나누고도 여유 있게 자리에 앉았다.

창밖에 혜원이 보였다. 집으로 돌아가지 않고 이쪽을 보며 기다리고 있었다. 열차 안은 떠나가는 사람들로 만석이었는데, 열차 밖은 그녀 혼자였다. 시선을 잠깐 다른 곳으로 옮겼다. 알 수 없는 뭉클함. 혜원을 강릉에 혼자 두고 떠나야 한다니 알 수 없는 뭉클함이 올라왔다. 배웅하는 사람과 배웅 받는 사람. 둘 다 겪어보니 보내는 일보다 두고 가는 일이 훨씬 슬펐다. 5분 후 KTX가 출발했다. 혜원도 나도 강릉역을 빠져나왔다.

여행 동안 충전하는 번거로움을 줄이기로 했다. 애플워치 대신 아날로그 손목시계, 에어팟 대신 줄 이어폰을 챙겼다. 효과는 확실했다. 확인하지 않아도 아무 일이 일어나지 않는 알림 메시지와 사람을 깜짝깜짝 놀라게 하는 진동이 사라졌다. 애플워치라는 잔소리꾼으로부터 자유로워졌다. 스마트와 편의라는 이름으로 위장한 디지털 스트레스로부터 해방된 순간이었다. 오랜만에 꺼낸 유선 이어폰 역시 가끔 줄이 꼬이거나 몸에 닿는다는 것을 제외하고는 문제없었다. 분실 걱정도 덜었다.

너드커넥션, 최유리, 아이묭. 즐겨 듣는 아티스트 앨범으로 오늘의 플레이리스트를 만들어 놓고 혜원에게 메시지를 보냈다. 그녀는 집이 아닌 스타벅스에 있었다. 매일 늦잠을 자다가 오랜만에 강제 아침형 인간이 된 상황. 언제 챙겨갔는지, 책을 보다가 천천히 돌아갈 거란다. 자기 걱정은 하지 말고 나나 한숨 자두라고 했다.

"저기 죄송한데, 혹시 자리를 좀 바꿔주실 수 있

을까요? 예매 때 자리가 없어서 아이랑 앞뒤로 앉게 돼서요."
"네? 아, 그럼요. 저는 괜찮습니다."
"정말 감사합니다."

 열차가 횡성역에 정차했을 때. 출발 후 줄곧 비어있던 옆자리에 주인이 나타났다. 자리는 하나인데 사람은 둘이었다. 갓 초등학교에 입학한 걸로 보이는 아이가 엄마 손을 꼭 잡고 서 있었다. 나란히 앉아 가고 싶어 하는 모녀와 자리를 바꿨다. 엄마가 양해를 구하는 동안 낯선 아저씨의 반응을 살피며 굳어 있었던 아이는 긍정의 대답을 듣자마자 긴 터널을 빠져나온 듯 얼굴이 환해졌다. 아무 노력도 필요 없는 당연한 선택을 했을 뿐인데, 내가 무슨 좋은 일이라도 한듯한 기분을 느끼게 해줘서 고마웠다. 그나저나 아이들 눈에는 내가 무섭게 생긴 걸까.

 서울 근교에 들어서자 빗방울이 차창을 두드리기 시작했다. KTX는 이름에 걸맞은 속도로 비 사이를 가르며 나의 1차 목적지 서울역에 도착했다. 오전 9시 반임에도 대합실은 시장처럼 사람이 많았다.

환승 시간 때문에 역에서 20분간 대기하고 있다가 경주역으로 가는 KTX에 올랐다. 종점이 경주인 줄 알았었는데 울산을 지나 부산까지 가는 열차였다. 어쩐지 서울에서 강릉으로 가는 KTX보다 차량이 훨씬 많았다. 좌석에 몸을 편안히 기대고 눈을 감았다. 이대로 잠들었다가 종점인 부산에 내려서 어쩔 줄 몰라하는 모습이 상상됐다. 절대 일어나서는 안 될 일이었다. 불혹을 넘긴 나이에 어디 가서 얘기도 못할 망신 아닌가. 열차 출발을 알리는 안내 방송의 도움으로 짧은 망상에서 빠져나왔다.

스마트폰으로 뉴스, 구독 콘텐츠, 유튜브, 넷플릭스 드라마까지 이어 보다가 병든 닭처럼 꾸벅꾸벅 잠을 쪼았다. 약해진 허리와 저린 다리를 토닥토닥 달래 가며 두 시간을 더 버텼다. 마지막 터널을 지나고 드디어 경주역이 보였다.

12시가 조금 넘어서 경주에 도착했다. 대합실 밖에 비가 많이 내리고 있었다. 버스를 이용해 시내에 들어가려던 계획을 수정, 전용 승강장에서 기다리고 있던 택시를 타고 봉황대로 출발했다. 거세진 비를 뚫고 달리는 택시 창밖으로 비에 흠뻑 젖은 경주가 보였다. 자욱한 비안개로 뒤덮인 경주를 보며 김승옥의 〈무진기행〉 속 한 장면을 떠올렸다. 나는 〈경주기행〉 속에 들어와 있었다.

15분 정도 걸려서 봉황대 광장 앞에 도착했다. 경주에 오면 제일 먼저 다시 보고 싶었던 곳 봉황대 고분. 봄비를 잔뜩 머금으며 더 짙게 물든 푸르름이 말할 수 없이 아름다웠다. 경주의 비경도 배고픔을 이길 수는 없는 법. 아침을 건너뛰고 4시간 반을 달려왔더니 배에서 소리가 났다.

어젯밤에 여행의 포문을 열 첫 식사 후보 안 몇 개를 찾아뒀었다. 경주역에 도착할 때까지도 갈팡질팡하고 있다가 택시 안에서 최종 결정을 했다. 오늘의 첫 식사 장소는 봉황대 앞에 위치한 「도미」였다. 팔딱팔딱 싱싱한 생선이 나오는 고급 일식집으로 오해하기 좋은 이름. 하지만 이곳은 지중해풍 음식을 파는 이탈리안 레스토랑이다. 도미의 뜻은 아마도 집을 뜻하는 라틴어 'domi'가 아닐까 전직 네이미스트의 습관으로 추측해 본다. 아니면 뭐. 전직인데 뭐.

이곳은 피자와 샥슈카가 유명한데 오늘처럼 비가 많이 내리는 날은 따뜻한 토마토소스로 만든 샥슈카 한 그릇이 제격이었다. 평일이지만 웨이팅이 있어서 매장 밖 벤치에 앉아 봉황대를 감상했다. 그나마 점심시간이 지나서인지 오래 걸리지는 않았다. 나만 혼자 기다리는 게 조금 외로웠을 뿐.

가게 안은 토마토 향으로 가득했다. 빨갛고 달달한 냄새만으로도 음식의 이미지가 그려졌다. 직원분이 1인이 이용하는 바 테이블로 자리를 안내해 주셨다. 메뉴판을 싹 훑어 보고서 채소 샥슈카와 시소 에이드를 주문했다.

바 테이블은 고단했다. 나는 50센티미터 정도 거리의 분주하게 요리를 준비하는 직원들과 마주 앉아 있었다. 앞을 바라보고 앉아 있으려니 민망함이 몰려왔다. 정작 그들은 일사불란하게 좌우를 오가며 음식을 조리하고 플레이팅 하느라 정신이 없었다. 아무도 신경을 쓰지 않고 있었지만 괜히 혼자서 소심함을 뿜어내며 부끄러워하고 있었다.

내 얼굴이 토마토처럼 빨갛게 익어가고 있던 차에 주문한 음식이 나왔다. 〈채소 샥슈카〉는 각종 채소와 향신료, 그리고 수란을 넣은 토마토 스튜다. 쉽게 생각하면 건더기가 많은 서양식 국물 요리다. 그 생김새가 토마토로 만든 빨간 지옥에 빠져있는 계란처럼 보여서 에그인헬(Egg in hell)이라는 귀여운 이름을 함께 가진 음식이다. 샥슈카는 기대 이상으로 만족스러웠다. 비 때문에 으슬으슬한 기운이 있었는데, 샥슈카에 빠진 계란처럼 몸이 따뜻해졌다. 같이 나온 빵도 마음에 쏙 들었다. 만지면 말랑말랑한데 씹으면 쫄깃했다. 치아바타처럼 생긴 빵을 가위로 싹둑 잘라 샥슈카에 찍어 먹으니 별미였다. 〈시소 에이드〉는 일본의 깻잎이라고 불리는 시소를 넣어 만든 탄산음료다. 처음 본 것에 대한 호기심으로 주문한 음료인데 과일 에이드와는 결이 다른 새콤달콤함이 매력적이었다.

든든한 식사로 발걸음에 힘이 생겼다. 점점 사

정없이 퍼붓던 비도 가늘어졌다. 톡톡 탁탁 기분 좋은 봄비 소리를 음악 삼아 금리단길을 한 바퀴 돌았다. 유명한 프랜차이즈 옷가게와 카페, 그 사이에 나란히 자리한 경주의 작은 상점. 하나둘 임대 종이가 붙어 있는 빈 점포들의 모습. 강릉 시내에서 본듯한 풍경은 무심히 흘려보내며 정처 없이 걸었다.

어딘지 모를 금리단길 어딘가를 걷고 있을 때. 갑작스러운 '끼이이익!' 소리에 발걸음이 굳었다. 소리가 날아온 곳에 자전거와 사람이 쓰러져 있었다. 그 앞에 자동차도 한대 멈춰서 있었다. 마주 오는 차를 피하려다 자전거가 미끄러져 넘어진 것 같았다. 다행히 직접 충돌하지는 않았는지 자전거 주인이 일어났다. 씩씩하게 옷을 털고는 자전거가 다치지 않았는지 이곳저곳을 살펴봤다. 그러고는 다시 가던 길을 떠났다. 자동차도 자전거 주인의 상태를 확인하더니 도로를 빠져나갔다. 아무도 다치지 않아서 안심했다. 서로 목소리 높여 싸우다 마음에 상처를 입히지 않아서 다행이었다. 혼자 여행을 하면 이런 일도 생기는 건가.

나도 다시 발걸음을 옮겼다. 자전거가 넘어져 있던 자리를 지나는데 어딘가 익숙한 가게가 눈에 들어왔다. 「대전소리사」라는 경주와 어울리지 않는 이름을 가진 작은 음반 가게였다. 처음 봤을 때는 '소리사'라고 해서 음향기기를 수리하는 곳인 줄 알았다. 그런데 파란 간판 아래 작은 글씨로 'CD, CDV, TAPE'가 적혀 있었다. 분명 어린 시절 들락거렸던 그 음반 가게의 외관 그대로였는데, 쇼윈도에는 아이브, 뉴진스, BTS, 아이유 같은 지금의 이름들이 떡하니 붙어 있었다.

경주에서 만난 대전소리사 덕분에 옛 추억이 떠올랐다. 나는 돈이 생기는 족족 비우기 바쁜 아이였다. 언제나 용돈이 부족했다. 그럼에도 솟아날 구멍은 있었는데, 가끔 친척 어른이나 부모님의 친구분이 놀러 오시면 '야아. 니 많이 컸네. 이걸로 맛있는 거 사 먹어라.' 하시며 천금 같은 용돈을 하사하셨다. 그러면 바로 폴짝폴짝 음반 가게로 달려갔다. 돈이 없어 쳐다만 보고 있었던 카세트테이프를 샀다. 그 시절 좋아했던 〈김민종〉의 독집을 사고, 한창 유행했던 컴필레이션 앨범 〈NOW〉도 사고. 돈이 남으면 라디오 녹음 용 공

테이프도 샀다. 테이프 하나를 사면 다음 테이프를 살 때까지 매일 앞뒤로 돌려 들었다. 그걸로도 충분히 행복했었다.

아직도 이런 곳이 남아있었다니. 놀랍고 반갑고 고마웠다. 아, 글을 쓰며 찾아봤는데 대전소리사의 '대전'은 지명이 아니었다. 예전 작명법에서 많이 쓰던 단어로 큰 밭을 살 만큼 장사가 잘돼라 라는 의미를 담았다고 한다.

빗속을 30분쯤 걸었더니 샥슈카의 온기도 다 식어버렸다. 다시 온기를 채워줄 커피 한 잔이 간절했다. 경주에서의 첫 커피는 역시 「커피플레이스」다. 걸어온 길을 돌아 다시 봉황대 앞으로 갔다. 한 달 만에 재회한 무덤덤한 'COFFEE' 여섯 글자가 무척 반가웠다. 여느 날처럼 친절한 인사를 받으며 카페에 들어섰다. 봄비가 내려서일까. 카페 바닥에 고소한 커피 향이 짙게 깔려 있었다.

오늘도 고민 없이 '오늘의 커피'를 주문했다. 전문 바리스타가 그날의 날씨나 원두 상태를 고려해서 가장 마시기 좋은 커피를 추천하는데, 마시지 않을 이유가 없다. 아쉽게도 바 테이블에만 자리가 남아 있었다. 모르는 사람과 가까이 앉아야 하는 데다 높고 작은 의자에 몸을 의지해야 해서 영 불편하다. 그럼에도 이 자리를 피하지는 않는다. 바 테이블은 불편한 만큼 묘한 매력을 가지고 있다. 여기 앉아 있다 보면 의도치 않게 안면 없는 사람의 흥미로운 대화를 듣게 되는 일이 생긴다. 거의 붙어 앉아 있으니 귀를 막거나 자리를 떠나지 않는 한 다른 선택지는 없다. 아무튼, 대화 속에 나를 슬쩍 집어넣고 생각을 잇다 보면 뜻하지 않게 괜찮은 글감과 영감이 찾아오곤 한다.

스마트폰 메신저로 혜원에게 나의 지금을 공유하고 있는데 직원분이 커피를 가져오셨다. 오늘의 커피는 〈에티오피아 예가체프 아리차 에이미〉. 어떤 커피가 나올지 궁금했었는데 지난 여행 때 이미 마셔본 원두였다. 커피는 흥미롭다. 원두가 같다고 커피가 같은 건 아니다. 원두의 로스팅, 커피 머신, 그라인더, 바리스타의 컨디션, 물의 상태, 시간, 온도와 습도, 날씨 등 수많은 변수에 따라 전혀 다른 맛을 낸다. 그러니 이건 지난번에 마신 커피가 아니라, 오늘 처음 마셔보는 새로운 커피다. 나의 세 번째 경주 여행처럼 말이다.

 맞은편에 있던 손님이 떠나고 그 자리에 연세 많은 어르신 두 분이 앉으셨다. 카운터에서 커피를 주문하고 자리에 앉기까지 할머니가 할아버지를 리드하셨다. 들려온 대화로 추측해 보면 할아버지는 할머니의 오빠였고 두 분은 쭉 경주에서 살아오고 계시다는 걸 알게 되었다. 할머니가 커피를 정말 좋아하신다는 것도. 두 분이 자리에서 커피를 기다리는 사이 대학생 다섯 명이 카페에 들어왔다. 그들 중 둘은 마침 자리가 난 할아버지 옆자리에 앉았다. 할아버지는 아까부터 긴장을 하고 계셨는데 한 무리의 대학생이 들어오고 나서는 표정이 더 어두워졌다. 유독 젊은 사람이 많아 보이는 카페. 바 테이블에 앉아 커피를 기다리는 자신의 모습이 어색하셨나 보다. 사실 나와 할머니 말고는 아무도 할아버지에게 관심이 없었지만 말이다.

"야야. 여기 젊은 사람만 오는 곳 아이가?"
"아이고 오빠야. 그런 거 없다."

"우리처럼 늙어가 이래 와도 되나?"
"에? 요새는 아무나 다 온다. 가만 기다려 봐라. 여기 커피 맛있다."

할아버지는 자꾸 주변을 두리번거리며 할머니에게 걱정 섞인 투정을 부리셨다. 할머니는 '요즘 세상에 무슨 그런 소리를 하고 있냐'며 크게 웃으셨다. 귀여운 할아버지와 멋있는 할머니였다. 할머니는 할아버지에게 커피와 카페의 참맛을 알려주려 하고 있었다. 그 후로 커피가 나올 때까지, 할머니는 할아버지에게 드립 커피와 바리스타, 친구와 카페에 다녀온 이야기를 신나게 쏟아 놓으셨다. 할아버지는 가만히 듣고만 계셨지만 표정이 한층 부드러워져 있었다.

할아버지의 세월처럼 긴 시간이 흐르고 커피가 나왔다. 할머니는 자신에 찬 표정으로 할아버지를 바라보셨다. 후르릅! 드디어 커피 한 모금이 할아버지의 입 속으로 들어갔다. 이번에는 내가 긴장을 한 채 결과를 기다렸다. 할아버지는 할머니를 향해 슬쩍 웃어 보이시며 '커피가 맛이 참 좋다'고 하셨다. 휴…. 할머니는 당연한 듯 '그것 봐라 맛있다니까'하고서 자기 커피를 즐기셨다. 두 분 덕분에 덩달아 행복한 시간을 보냈다. 오늘도 다양한 사람이 모여 즐거운 커피플레이스였다.

커피플레이스를 나와 봉황대 광장을 걸었다. 초등학교 운동장처럼 작고 아담한 광장. 이미 몇 번을 왔음에도 질리지 않는다. 가만히 쳐다보거나 둘레를 한 바퀴 빙 도는 게 다인데 말이다. 아직 숙소 체크인까지 시간이 남아있어서 봉황대 광장 뒤편에 있는 금관총 전시관에 들러봤다.

「금관총」은 금관이 최초로 발견된 무덤이라서 붙여진 이름이다. 일제강점기에 마구잡이 발굴로 유실된 봉토와 고분을 2015년 국립중앙박물관과 국립경주박물관이 재발굴하여 전시관을 만들었다고 한다. 커다란 돔형 구조 전시관은 실제의 고분을 뚜껑처럼 덮어서 내부를 안전하게 보존하는 역할을 하고 있었다. 보존과 시민을 위한 전시 공간으로 활용이 동시에 이루어지고 있는 멋진 건축물이었다. 옛 신라인의 손등 위에 현대 경주인의 손바닥을 살포시 올려 둔 느낌이랄까.

금관총은 입장료 3,000원을 내고 티켓을 구매하면 바로 옆에 있는 「신라고분정보센터」까지 묶어서 관람할 수 있었다. 강릉의 아르떼뮤지엄에서 본 것 같은 대형 미디어아트 영상관이 준비되어 있어서 한참을 신기하게 구경하고 나왔다. 두 곳 모두 한국인보다 외국인 관람객이 많았는데, 이걸 자랑스러워해야 할지, 아쉬워해야 할지 잘 모르겠다.

관람을 즐기다 보니 체크인 시간이 가까워졌다. 숙소 근처로 이동하며 주변의 편의시설을 살폈다. 고개를 이리저리 두리번거리며 걷는데, 20평 정도로 보이는 갤러리가 보였다. 마침 지역 작가의 개인전이 열리고 있어서 안에 들어가 봤다. 다른 사람은 없어서 여유 있게 그림을 즐길 수 있었다. 관람을 시작한 지 5분쯤 지났을 때 누군가 우산을 접으며 안으로 들어왔다. 그는 내게 인사를 건네면서 자신이 이 갤러리의 대표라고 소개했다. 관람객이 나뿐이었어서인지 그림 작가가 누군지, 어떤 그림인지 상세히 설명해 주시며 함께 그림을 보셨다.

전시를 보는 동안 계속해서 눈을 사로잡는 그림이 하나 있었다. 파도 없는 쪽빛 바다와 산처럼 그려진 흰 구름과 푸른 하늘. 언덕처럼 낮은 산 아래 좁게 늘어진 해안 길. 그 옆에 작은 적산가옥. 한국 바닷가 마을의 풍경이 정적으로 묘사된 그림이었다. 평화로움과 쓸쓸함을 오가는 느낌이 좋았다. 조금 고민하다가 원화를 구매했다. A4용지 정도의 크기라서 값이 비싸지 않았다.

갤러리 대표님은 여행자로 보이는 젊은이가 충동적으로 원화를 구매하는 게 신기하셨던지 나에 관해 이것저것 물어보셨다. 우리는 강릉과 경주를 오가며 짧은 시간에 여러 가지 대화를 나눴다. 갤러리 대표님은 경주 기념품 제작업을 하고 있다고 했다. 맞은편 건물에 쇼룸을 겸하는 매장이 있다고 구경을 시켜주겠다고 하셨다.

생활용품, 문구, 잡화, 액세서리... 경주를 기념할 수 있는 물건들로 매장이 꽉 차있었다. 기획은 직접 하고 제품은 다른 작가와 협업해서 만든다고 하셨다. 나도 비슷한 일을 하고 있던 터라 흥미로운 이야기가 오갔다. 카운터에 계시던 사모님까지 합류해서 셋이 대화를 나누니 30분이 훌쩍 지나갔다. 슬슬 가지고 있던 짐이 무겁게 느껴지기 시작했다. 숙소 체크인을 해야 해서 그만 가봐야 한다고 말씀드렸다. 두 분은 짧은 대화가 아쉬우셨는지 다음에 같이 식사를 하고 싶다고 하셨다. 꼭 연락을 달라고 하시며 연락처를 주셨다. 여행이 끝나기 전에 다시 놀러 와도 좋다고 웃으셨다. 나도 이제 경주에 아는 사람이 생긴 건가. 경주가 다시 돌아온 걸 환영한다며 웰컴 키프트를 준비한 것 같았다.

경주에 도착한 지 4시간이 지났다. 드디어 3박 4일을 함께할 숙소에 짐을 풀었다. 혜원이 찾아준 숙소는 사진 속 모습보다 실물이 훨씬 예뻤다. 공간의 크기는 네 사람이 지내기에도 충분했다. 모던한 블랙 앤 화이트 인테리어에 정수기와 전자레인지, 빔프로젝터 같은 편의시설이 고루 갖추어져 있었다. 잠깐 넓은 침대에 누워 눈을 감았다. 고요했다. 팔다리를 힘껏 뻗어 스트레칭을 하고 굳은 허리를 폈다. 혼자인 숙소는 아무래도 허전했다. 시원한 물만 한잔 마시고 곧장 밖으로 나왔다.

지난 두 번의 경험으로 여행의 시작은 책과 함께 하는 게 좋다는 걸 배웠다. 짐을 모두 비워낸 백팩에 펜과 노트를 챙겨 넣었다. 함께 할 책을 만나기 위해 책방 「이어서」로 갔다. 또 손님은 나 혼자였다. 이어서는 한쪽 코너에 꾸준히 작은 전시를 열고 있었다. 이번엔 이경석 작가의 〈Only One Project〉가 전시돼 있었다. 경주 남산과 그곳에 있는 불상을 색연필과 물감으로 표현한 그림들이었다. 실제로는 단단하고 무거운 불상을 흑백의 부드러운 선으로 가볍게 그려냈다. 색연필과 물감이라는 표현의 비교도 재밌었다. 불상이 친근하고 귀여워졌다. 가만히 보고 있으니 마음이 편안했다. 작가님이 불상에서 발견했다는 치유의 힘을 나눠 받고 있는 기분이었다.

이번 여행의 파트너북을 선정했다. 김소연 작가의 〈나를 뺀 세상의 전부〉다. 제목이 마음에 들어서 골라봤다. 혜원에게 선물할 임경선 작가의 〈태도에 관하여〉도 구매했다. 책을 읽다가 나가려고 토마토 바질에이드를 주문했다.

이곳의 상징 LP 플레이어 앞에 자리를 잡고 노

트에 오늘 있었던 일을 기록했다. 잔잔한 노래 몇 곡을 지나고 갑자기 큰 소리의 노래가 나오기 시작했다. 귀를 폭행하는 음량에 자리를 옮기려 하다가 3분만 지나면 다시 조용한 노래가 나오지 않을까 하는 생각이 들었다. 스피커 바로 앞에 앉은 과거의 나를 원망하며 기다리기로 했다. 그런데 카운터에 있던 직원분이 내 쪽으로 뚜벅뚜벅 걸어오셨다. 이 심란함을 어떻게 아셨는지 말없이 스피커 음량을 줄여주고 자리로 돌아가셨다. 역시나 세심하고 친절한 경주 사람.

    LP 플레이어는 카운터에서 멀리 떨어진 곳에 놓여 있다. 타닥타닥 장작 타는 소리 섞인 따뜻한 음색이 예술이다. 하지만 시간마다 LP를 갈아줘야 하는 번거로움이 있다. 앨범의 모든 노래가 재생되고 음악이 멈추자 직원분이 얼른 다가오셨다. 선반에 꽂혀있는 여러 앨범을 살펴보다가 신중하게 하나를 골라 LP를 교체했다. 직원의 생각과 고민이 담긴 새로운 노래가 책방에 퍼져나갔다. 그때 나는 공간의 일부가 아닌 사람과 사람으로 함께 존재하고 있음을 느꼈다.

날이 어둑해져서 책방을 나왔다. 저녁은 현지인 맛집으로 유명한 식당에서 우렁쌈밥을 먹으려고 했다. 입맛을 다시며 식당에 들어갔지만 1인분은 주문을 받지 않는다고 하셨다. 식당의 방침이 그렇다는데 어쩌겠는가. 사장님이 자꾸 죄송하다고 말씀하셔서 정말 괜찮다고 말씀드리고 식당을 나왔다. 혼자 여행을 다니는 자의 슬픔이었다. 슬프지만 쌈밥은 먹고 싶어서 1인도 가능한 식당을 뒤늦게 검색했다. 황리단길에 가면 관광객 리뷰가 많은 쌈밥집이 있었다. 현지인 맛집을 고집하고 있기에는 너무 배가 고팠다.

식당에 들어가니 외국인 관광객 한 팀이 식사를 하고 있었다. 나는 소불고기와 연잎밥 그리고 상추가 함께 나오는 메뉴를 주문했다. 5분도 지나지 않았는데 음식이 나와버렸다. 소불고기와 연잎밥이 이렇게 빨리 나오는 음식이었나 감탄했다. 쌈밥을 보자마자 혜원이 생각났다. 나는 쌈을 좋아하지만 맛있게 싸는 재주가 없다. 혜원은 쌈의 고수다. 그녀는 연애 시절부터 쌈 하나 제대로 못 싸는 가여운 나를 위해 기꺼이 쌈을 싸주었다. 같은 재료를 넣은 쌈인데 어째서 그렇게까지 맛이 다른지 놀라곤 했었다. 맛있는 쌈, 아니 혜원이 그립다.

　식당의 1인분을 내가 집에서 먹는 양으로 환산하면 1.5인분이 된다. 그러니 음식을 끝까지 다 비우면 지나치게 배가 부르다. 이 거북함을 지우기 위해 밤의 황리단길을 걸었다. 혼자서 걸으니 자꾸 걸음이 빨라진다. 숨이 가쁘다. 혜원과 걸을 때는 내 속도를 줄여 걸음을 맞췄었다. 혜원의 발걸음에는 늘 여유가 있었다. 오가는 대화마저 없으니 걷는 게 아니라 운동이었다. 혼자서는 걷는 것도 힘들다.

　소화를 시키느라 30분을 걸었다. 갈증이 느껴져 편의점에서 맥주 한 캔을 샀다. 숙소로 돌아왔다. 가져온 중에 가장 무거운 짐. 노트북을 꺼내 혼자 경주 여행의 첫째 날을 두드려 넣었다. 숙소가 너무 조용한 게 어색해서 아이묭의 2020 투어 〈미트 미트〉 영상을 켰다. 아이묭은 나와 혜원이 같이 좋아하는 일본의 싱어송라이터다. 투어 영상 다음으로는 영화 〈라라랜드〉와 〈노팅힐〉을 차례로 틀어 두고서 계속 글을 썼다.

생애 최초로 혼자서 여행을 한 날. 혜원과 같이 있었다면 가지 않았을 장소에 가보고, 고르지 않았을 음식을 골라 먹었다. 하지 못했을 경험과 만나지 않았을 사람도 만났다. 모든 걸 혼자서 찾고, 고민하고, 결정했다. 그 결과 역시 혼자 고스란히 감당해야 했던 게 힘들었지만 그동안 몰랐던 재미를 알게 됐다. 한 번도 경험하지 못한 특별한 하루였다.

그러나 매 순간 맞닥뜨렸던 혜원의 빈자리와 그 허전함. 불현듯 찾아드는 쓸쓸한 외로움은 혼자 있음을 누린 후 치르게 된 값비싼 세금이었다. 하루의 여행을 마친 후 불을 끄고 나란히 누워서 '아, 너무 피곤해. 근데 오늘 여행도 즐거웠어.' 하며 조잘거리다 잠들 사람이 없어서 서러웠다. 늘 함께 했던 의식이 사라지니 하루의 끝에 온점이 찍히지 않았다. 혼자 하는 여행은 매번 이런 식인 걸까. 아니면 브라운아이즈의 노래 가사처럼 '처음이라 그래 며칠 뒤엔 괜찮아져'일까. 내일 밤의 나는 어떤 감정을 마주하고 있을까.

경주에서의 첫날을 봄비와 함께 보냈다. 봄은

낮과 밤의 온도 차가 큰 계절이어서 자라나는 새싹의 수분을 부족하게 한다. 봄비는 아직 자립할 힘이 없는 새싹의 수분을 보충하고 체온을 유지하게 해 준다. 촉촉한 봄비는 새싹을 생장하게 한다. 나는 경주에서 봄비를 맞았다. 첫 혼자 여행이 남아있는 삶에 봄비가 되어 주기를 희망한다. 여행이 끝나는 날이면 나의 새싹도 조금은 생장해 있기를.

혼자 경주. 둘째 날. 혼술

다섯 번째 알람이 울리고서야 잠에서 깨어났다. 흔들어 깨워줄 사람이 없어서 알람을 평소보다 많이 설정해 두고 잤었다. 혹여나 오후가 하루의 시작점이 될까 봐 불안했었다. 피로감이 잔뜩 느껴지는 걸 보니 혼자서도 알찬 첫날을 보냈나 보다. 혜원도 일어났을까 궁금해 잘 잤냐고 아침 인사를 남겼다. 혜원은 간밤에 무서운 꿈을 꿨다고 했다. 결혼 후 처음으로 혼자 잠을 자서 그런 것 같다고, 지금은 괜찮다고 했다.

사실은 나도 새벽잠을 설쳤다. 간헐적으로 탁탁 튀어 오르는 전기등 소리, 창밖에서 들려온 취객의 주정 소리, 불편하게 생각하는 사람을 만나 곤란한 꿈 때문에 몇 번이나 깼었다. 눈을 뜨면 마주하는 낯선 어둠. 그때마다 침대의 간접 등을 켜고 스마트폰을 집어 들었다. 쓸모없는 기사나 SNS로 주의를 돌려 혼자라는 두려움을 애써 외면해 냈다. 두근거림이 잦아지고 나서야 다시 눈을 감았다. 경주와 강릉에서 각자 맞이한 결혼 8년 차 부부의 첫날밤은 공포와 피곤만 남기고 지나갔다.

어제 사 온 소금빵으로 아침을 해결했다. 같이 마실 음료를 사 왔어야 했는데 깜빡해 버렸다. 맹물과 소금빵의 조합은 최악이었다. 짭짤한 소금빵의 맛은 밍밍해지고 물은 소금물이 됐다. 둘이 왔을 때는 '내가 좋아하는 것, 혜원이 좋아하는 것, 조합해서 먹으면 기가 막힌 것'을 고민하면서 먹거리를 준비했어서 아침식사의 만족도가 높았었다. 그런데 혼자가 되고 나니 생각이 단순해졌다. 귀찮은데 대충 끼니를 때우자는 안일함이 이 사태를 만들었다.

그래도 여행인데. 자취생 시절처럼 비루한 아침만 먹고 돌아가기는 아쉬웠다. 제대로 챙겨 먹고 여행자의 모습을 되찾아야겠다는 각오로 숙소를 나왔다. 봄비가 지나간 흔적 위로 쨍쨍한 햇볕이 내려앉고 있었다. 어제는 쌀쌀함에 점퍼를 입고 돌아다녔는데 오늘은 시원한 반팔 티셔츠가 적당했다.

선크림을 바르고 나오길 잘했다. 나는 햇빛 알레르기가 있어서 자외선에 잠시만 노출돼도 두드러기가 올라온다. 햇빛을 무시하면 어떻게 되는지 알면서도 선크림의 갑갑함 때문에 그냥 다니는 경우가 많다. 잊지 말고 꼭 발라야 한다고 신신당부하며 혜원이 넣어준 선크림. 이게 없었으면 여행 내내 고생할 뻔했다. 바르는 것도 챙기는 것도 귀찮아서 모른 척하고 있었는데, 역시 까불지 말고 혜원의 말을 잘 들어야 무탈한 나였다.

숙소에서 나올 때만 해도 밀면을 먹어야지 생각했었다. 막상 나와서 걷다 보니 배에서 자꾸 소리가 나는 게, 빈속에 빨간 양념장이 들어가면 혼쭐이 날 것 같아서 포기했다. 여행이 아직 며칠이나 남았는데 힘든 길로 뛰어들 필요는 없었다. 아침은 자극적인 음식을 피하기로 했다. 지난번에 혜원이 사 왔던 콩국이 생각났다. 담백하고 고소했던 국물을 떠올리며「경주원조콩국」으로 향했다. 대신 오늘은 초여름 날씨에 맞게 콩국수를 먹어보기로 했다. 콩국이 맛있는데 콩국수가 맛이 없을 리가 없었다. 숙소에서 가게까지는 거리가 꽤 멀었지만 도보로 이동했다. 대릉원 돌담길을 걸어 보고 싶어서 일부러 택시를 타지 않았다.

길의 시작부터 끝까지 벚꽃나무가 심어져 있었

다. 얼마 전에는 〈대릉원 돌담길 벚꽃축제〉가 열렸었다. 개화는 오래 걸리지만 낙화는 찰나다. 떨어진 꽃잎들이 바닥을 갈색으로 물들이고 있었다. 화사한 꽃잎에 가려져 있던 나뭇잎들은 이제 짙은 초록을 뽐내며 여름을 준비했다. 장장 500m가 넘는 돌담길은 내내 아름다웠다. 길은 뺨에서 턱으로 이어지는 곡선처럼 이어져 있어서 걷는 동안 다양한 풍경이 나타났다. 담벼락에는 시와 미술작품이 쭉 걸려 있어서 세상에서 가장 긴 야외 갤러리에 들어와 있는 것 같았다. 돌담길을 중간쯤 지날 때 담장 위에 올라서서 땀 흘리며 기와를 수리하는 인부를 보았다. 정갈한 돌담길과 담벼락, 기왓장. 보이지 않는 사람들의 땀과 손길이 닿아 있어서 더 아름다웠다.

돌담을 따라 끝까지 걸으니 대릉원 입구가 나왔다. 거기서 조금 떨어진 곳에 경주원조콩국이 있었다. 옆에 창문이 있는 좌식 테이블에 앉아 콩국수를 주문했다. 기다리는 동안 식당 안을 둘러봤다. 먼저 와서 식사를 하고 있는 사람들 대부분은 콩국을 먹고 있었다. 여기저기서 들려오는 대화에서 경주 사투리와는 미묘하게 다른, 인근 경상도 지역의 사투리가 느껴졌다. 강릉은 인근 지역보다는 원거리 관광객이 많은데 경주는 가까운 주변 도시에서도 자주 찾아오는 것 같다.

밑반찬 몇 가지와 함께 콩국수가 나왔다. 노란 밀면이 들어간 진하고 담백한 콩국물. 역시 기대를 저버리지 않았다. 내가 경상도 출신이라 그런 진 모르겠으나 반찬도 하나같이 다 맛있었다. 생각보다 양은 많지 않았다. 주변 성인 남성을 기준으로 봤을 때 든든한 한 끼로는 부족할 수 있다. 물론, 아침을 조금만 먹는 나에게는 딱 알맞은 양이었다.

건강한 음식을 먹었을 때의 육체적 정신적 만족감. 산뜻한 기분으로 아침의 황리단길을 걸었다. 맑게 갠 날씨로 이른 시간부터 사람들이 길에 쏟아져 나오고 있었다. 흐르는 인파에 섞여 걸으며 사람들을 관찰했다. 평범한 4월의 평일 아침. 다들 무슨 일을 하며 살아가는지, 언제 왔는지, 누구와 함께인지, 아침은 뭘 먹었는지, 이제 어디로 가는지 따위를 궁금해했다. 황리단길 한가운데쯤 도달했을 때. 이번 혼자 여행의 주된 테마라고나 할까. '안 하던 짓 해보기'의 실천을 위해 네 컷 사진을 찍기로 결심했다.

 유동 인구가 밀집된 곳인 만큼 사진을 찍을 수 있는 포토 부스도 많았다. 몇 군데를 살펴보다가 경주 한정 포토 프레임이 있는 곳을 발견했다. 입구 앞에 서서 주변을 두리번거렸다. 안에는 다른 손님이 없었다. 용기를 내어 씩씩하게 부스 안으로 들어갔다. 증명사진을 제외하고는 혼자 찍는 사진은 처음이었다. 안에 들어가는 것부터 직접 사진을 찍는 것까지 모두 어색했다. 좁은 부스 안에는 나밖에 없었지만, 습관적으로 혜원이 있던 자리를 비워두고 사진을 찍고 있었다. 전에는 짧다고 생각했던 촬영 시간이 오늘따라 길게 느껴졌다. 어쨌든 혼자 사진을 찍는 데 성공했다. 출력된 사진 속에 무척 무미건조해 보이는 한 남자가 찍혀 있었다.

 오랜만에 「노워즈」 커피를 마시고 싶어서 황리단길 초입까지 걸어갔다. 그런데 뭔가 이상했다. 카페 입구에서 목공 작업이 한창 진행 중이었다. 가까이 가니 내부 공사로 임시 휴무를 한다는 공지가 문 앞에 붙어 있었다. 이곳 하나만 보고 걸어온 터라 난감했다. 그때 기억 한편에 잊고 있었던 「향미사」가 생각났다. 경주에 오면 꼭 가보겠다 했던 로스터리 카페 중 하나였었다. 운 좋게도 100미터만 더 걸어가면 만날 수 있었다.

이름이 아닌 「경주체육관」이라는 간판을 달고 운영 중인 카페. 겸업을 하는 건 아니고 체육관이었던 건물에 카페를 만들었는데 옛 간판을 그대로 남겨둔 것이었다. 경주의 모습처럼 지나온 시간의 이야기를 이어 놓은 마음이 멋있었다. 향미사는 '다채로운 향미의 커피를 선별해 제공합니다'라는 슬로건을 증명하듯 문을 열자마자 화사한 커피 향이 마중 나왔다.

카페 테이블 위에는 레스토랑처럼 종이 메뉴판이 하나씩 놓여 있었다. 요즘은 보기 드문 옛 카페의 방식이 반가웠다. 덕분에 카운터 앞에 서서 고민하지 않고 자리에서 여유 있게 커피를 고를 수 있었다. 로스터리 카페답게 원두 종류가 다양했다. 근처의 다른 카페들보다는 가격이 높았지만 스페셜티 원두와 핸드드립 커피임을 생각하면 비싼 가격은 아니었다.

　나는 〈에티오피아 예가체프 단체 무산소 허니〉라는 기억하지 못할 긴 이름의 커피를 주문했다. 에티오피아 예가체프는 드립 커피를 판매하는 대부분의 카페가 취급하고 있어서 낯설지가 않다. 물론 농장이나 가공 방식, 유통 상태와 로스팅 등에 따라 맛은 다르다.

　나는 개성이 뚜렷한 커피를 선호한다. 부정적인 맛이 없고 그 커피만의 특성이 잘 나타나면 맛있다고 말한다. 향미사의 커피는 내가 전문가가 아님에도 가벼운 꽃 향과 열대과일의 향미를 분명히 느끼게 했다. 카페의 이름이 부끄럽지 않은 커피였다. 향을 음미하며 혀를 적시다 보니 금방 잔이 비어버렸다. 혜원에게도 이 맛을 보여주고 싶어서 같은 원두를 한 봉지 구매했다. 다른 원두로 내린 커피도 궁금했지만 카페인이 많은 드립 커피는 한 잔으로 만족해야 했다. 둘이었으면 두 가지 맛을 경험했을 텐데 아쉬웠다.

　적당한 카페인의 공급으로 다시 움직일 체력이

보충됐다. 카페를 나와 대릉원에 갔다. 지난 여행에서는 애견 동반이 되지 않아 입장을 포기했었다. 대릉원은 동글동글한 동산들로 둘러싸인, 색연필로 그려낸 동화 속 공원 같았다. 봄을 먹고 자라난 푸릇푸릇한 풍경이 예뻐 사진을 남겼다. 천천히 길을 걷는 할아버지, 생수를 나눠 마시는 커플, 두 개의 고분과 그 사이로 보이는 커다란 나무를 배경 삼아 줄 서서 사진을 찍는 사람들, 나무 그늘에 앉아 하늘을 바라보고 있는 할머니, 그리고 그들을 관찰하고 있는 나. 고분 아래 작고 아담해진 사람들이 각자의 방식으로 대릉원을 즐기고 있었다.

대릉원 안에는 천마총이 있다. 어제 다녀온 금관총처럼 내부에 들어갈 수 있는 고분이다. 수학여행 때 들어갔었던 것 같은데 기억이 가물가물한 곳. 지금 보면 어떨 생각이 들까 궁금해서 입장권을 끊었다. 천마총 안은 외국인 관광객으로 가득했다. 한국의 역사와 문화 그 자체인 신라 고분 안에 들어왔는데 한국인은 나 혼자였다. 해외여행 중 외국 왕의 무덤을 관람하러 와 있는 듯한 묘한 기분을 느꼈다. 외국인들은 조상님들의 축조 기술, 금관에 새겨진 무늬의 예술성에 감탄하고 있었다. 나는 이 고분에 모래 한 알 올린 것도 없지만 그들의 반응을 보며 자랑스러움을 느꼈다.

천마총과 대릉원을 차례로 빠져나와 다시 황리단길로 돌아왔다. 시원한 천마총에 있다가 나와서인지 훨씬 더워졌다. 계속 걸었더니 발에 통증이 느껴졌다. 스마트폰 건강 앱에는 15,000보가 찍혀있었다. 혼자서 하는 여행이다. 누가 등 떠미는 것도 아닌데 왜 이렇게 빡빡하게 다녔을까. 혼자 방황을 하느라 무작정 걷고 걸었을까.

혜원과 함께 경주에 있을 때 나는 점점 이곳의 일부가 되어간다고 생각했었다. 경주에서 살고 있다는 감각. 그러나 혼자인 지금은 달랐다. 수많은 사람과 함께 있지만 내 존재를 아는 사람은 없다. 나는 형체 없이 떠돌아다니는 유령이었던가. 황리단길 한가운데서 불현듯 혼자임을 느낀 순간. 나는 오래전 누군가가 이 길에 떨어뜨린, 그리고 시간이 지나 까맣게 잊어버린 분실물이 되어있었다.

그대로 가만히 있다가는 몸도 머리도 빨갛게

익어버릴 것 같았다. 시원한 실내에서 휴식을 취하려고 적당한 장소를 검색했는데 지금 내게 딱 필요한 이름 하나가 보였다. 황리단 골목길을 요리조리 찾아 들어가자 「녹아」라는 아이스크림 가게가 보였다. 여러 종류가 있었지만 녹차 맛 젤라토 사진이 제일 맛있어 보였다. 녹차 맛은 진하기에 따라 단계가 나누어져 있었다. 제일 작은 크기를 골라도 두 가지 맛을 선택할 수 있어서 녹차와 호지차를 주문했다. 애플망고와 민트초코도 궁금했지만 나는 혼자임을 잊지 않았다. 달콤한 아이스크림이 혀에서 녹는 동안, 무거웠던 감정도 차갑게 녹아내렸다.

숙소에서 재정비를 하려고 돌아가고 있었다. 어제 체크인을 하러 갈 때와 같은 경로로 이동했는데 근처에 커다란 사주타로 카페 간판이 보였다. 너무 눈에 띄어서 어제는 왜 못 봤을까 싶었다. 친구가 사주를 보고 왔다는 이야기, TV 속 연예인이 들려준 사주 에피소드, 용한 점쟁이가 주인공의 인생을 점쳐주는 영화의 한 장면. 사주 자체에 대한 흥미로움은 가지고 있었지만 막상 내 사주를 보고 싶다는 생각은 크지 않았다.

이번에는 '안 하던 짓 해보기' 스킬을 한 번 더 발휘했다. 태어나 처음으로 사주의 문을 박차고 들어갔다. 사주타로 카페도 실내는 일반 카페와 비슷했다. 익숙한 풍경에 안도했지만 안내를 받고 자리에 앉는 순간부터는 긴장이 몰려왔다.

"생년월일이랑 태어난 시간 알려주세요."

내가 태어날 때 부여받은 숫자 코드를 넘겨주는 것으로 사주 상담이 시작됐다. 번호를 받아 든 사주 상담사님은 하얀 종이 위에 모르는 한자들을 거침없이 써 내려가셨다. 당신의 시주, 일주, 월주, 년주는 다음과 같다. 사주에 따르면 당신의 과거와 현재 미래는 이러했었고 이러하며 이러할 것이다는 얘기를 한 아름 풀어놓으셨다. 가만히 듣고 보니 아주 생긴 대로 살고 있는 나였다. 성격이나 가치관, 과거와 현재의 직업, 환경 등이 일러주신 사주와 유사한 부분이 많았다. 반면 사주를 벗어나 새로운 운명을 개척해 냈다는 반전 없이 그저 팔자대로 살아오고 있었다는 점은 실망스러웠다.

"인세로 먹고사는 재능이 있네요."
"제가요? 받을 게 없는데…"
"가만히 있는데 저절로 되는 건 없어요."
"그건 그렇죠."

 사주 상담사님은 내가 저작권이나 인세처럼 창작물을 만들어 먹고사는 재능을 가졌다고 했다. 그러니 그걸 잘 갈고닦으면 좋을 거라고 하셨다. 예상하지 못했던 이야기에 가슴이 두근거렸다. 요즘 글쓰기에 재미가 붙어서 책을 쓰고 싶다는 소망이 부풀어 오르고 있던 차였다. 비과학적이고 일반화의 오류를 안고 있는 믿을 수 없는 말이라고 해도 상관없었다. 지금의 나에겐 응원과 격려, 그리고 동기부여가 되는 말이었다.

 이 외에도 들었던 얘기는 많았지만 꿈에서 깬 것처럼 순식간에 기억에서 흩어졌다. 서둘러 혜원에게 전화를 걸었다. 혼자서, 그것도 여행 중에 갑자기 사주를 봤다는 황당한 이야기를 전했다. 혜원은 처음에는 놀라워하다가, 간 김에 자기 사주도 받아 보지 그랬냐며 재밌어했다.

한 인간의 인생에 정해진 답이나 미리 깔아 둔 길 따위는 없다고 생각한다. 삶은 자신의 사고와 선택으로부터 태어나고 존재한다. 그러니 내게 사주의 운명론은 무의미하다. 다만, 사주라는 소재를 매게로 이루어진 대화 속에서 '나는 어떤 사람인가, 무엇을 걱정하고 있는가, 어떤 걸 원하고 있는가'를 사고해 볼 수 있었기에 사주 상담은 매우 유의미한 경험이었다.

사주 카페를 나오니 공기가 제법 쌀쌀해져 있었다. 날씨를 보니 남은 여행 기간은 일교차가 컸다. 감기에 걸리지 않으려면 이틀간 가볍게 걸쳐 입을 겉옷이 필요했다. 경주는 고도제한 때문인지 백화점이 없었다. 검색을 해보니 옷 가게는 경주 시내에 몰려 있었다. 나는 이미 경주의 시내에 있지만 경주 시내로 가야 했다. 지방 중소 도시에 살았던 사람이라면 무슨 소리를 하고 있는지 알 것이다. 광범위한 시내 안에서 특정한 동의 이름 대신 모두가 그냥 '시내'라고 부르는 특별한 구역이 존재함을. 경주는 상가가 밀집된 중심상가 일대를 시내라 부르는데 최근에 금리단길이라는 이름이 붙었다.

나는 혼자서는 옷을 잘 사지 않는다. 패션에 별로 관심이 없는 데다 감각마저 없다. 뭐가 내게 잘 어울리는지, 입어서 좋을 게 없는 옷인지 판단하는 게 어렵다. 다행히 결혼 후에는 줄곧 혜원이 옷을 사다 주거나 골라주었는데 언제나 만족스러워 걱정이 없었다. 하지만 오늘은 스스로 해내야만 했다.

장장 8년을 그렇게 지낸 탓일까. 옷 가게에 들어가는 게 혼자 사진을 찍으러 포토부스에 입장했을 때처럼 어색했다. 만약 누군가 CCTV로 보고 있었다면 가게를 훔쳐보는 좀도둑이 나타난 걸로 착각했을지도 모른다. 나는 흡사 닌자처럼 직원의 눈에 최대한 띄지 않고 쇼핑을 하려 애썼다. 가능한 한곳에 오래 머물지 않으며 옷은 눈으로 재빨리 스캔했다. 그렇게 5분쯤 지났을 때. 이 매장 안에서 가장 무난해 보이는, 실패 확률이 제일 낮을 것으로 예상되는 디자인의 셔츠를 발견했다. 컬러도 흰색이다. 수줍게 직원분을 불러 시착을 했다. 사이즈가 맞는 걸 확인한 후 바로 구매하고 가게를 빠져나왔다. 기분이 상쾌했다. 무사히 밖으로 나와서 인지, 하얀 새 옷을 입어서인지 모르겠지만 말이다. 과정은 심신 미약했으나 결과는 뿌듯 창대했다. 겨우 옷 하나 사고 나와서 호들갑을 떨었다.

긴장되는 쇼핑 미션을 해결하자 배고픔이라는 새로운 미션이 발생했다. 아침은 가볍게 먹었으니까, 밸런스 조정을 위해 저녁은 돈가스를 먹기로 했다. 메뉴에 돈가스가 있는 음식점 중에 돈가스 전문점이 아닌 곳과 화요일 휴무인 곳, 옛날 분식 스타일 돈가스를 파는 곳은 제외했다. 거기에 지금 위치에서 걸어갈 수 곳을 찾았다. 조건이 까다로웠던 것 같진 않은데 필터링을 거치자 한 곳의 가게만 남았다. 황리단길에 있는 「호랑이카츠」. 돼지도 소도 아닌 호랑이 돈가스라니, 상상력을 자극하는 강렬한 이름이었다.

저녁을 먹기에는 아직 이른 시간이어서 자리가 넉넉했다. 매장 입구에 놓인 커다란 키오스크에서 안심돈가스 정식을 주문했다. 이제 어딜 가나 키오스크가 제일 먼저 손님을 맞이한다. 편리하다. 나만 정신 차리면 주문 실수도 없다. 그럼에도 여전히 키오스크와의 만남이 반갑지 않다. 든 자리는 몰라도 난 자리는 바로 안다는 옛 속담처럼 키오스크로 사라져 버린 사람의 빈자리가 허전하다. 어쩌겠는가. 점주의 인건비 부담, 주문과 결제의 편의성, 그리고 보이지 않는 저마다의 사정이 있었을 텐데.

 단편적인 투정과 상념을 메모장에 긁적이며 음식이 나오길 기다렸다. 다른 테이블은 다 대화 상대와 함께 앉아 있었는데 나만 혼자였다. 괜히 가게 안을 두리번거려 보고, 알림도 없는 스마트폰을 만지작거렸다. 그러다 목이 아프면 고개를 들고 지나가는 사람들을 구경했다. 또 뭘 해야 하나 하다가 구석에 놓인 메뉴판을 시험공부하는 사람처럼 정독했다. 메뉴판 한쪽에 호랑이 민화가 조그맣게 그려져 있었다. 돈가스와는 전혀 어울리지 않는 그림이었는데 영화 〈경주〉 속 찻집의 벽지에 붙어 있었던 춘화처럼 이상하게 자꾸 눈길이 갔다. 돈가스는 부드럽고 맛있었다. 잡내와 육향 사이에서 미세한 불편함이 느껴졌지만, 소스를 찍어 먹으면 충분히 커버가 됐다. 미식가도 절대미각도 아니면서 특정한 부분에만 예민하게 반응하는 혀가 피곤하다.

영화 〈경주〉가 떠오른 김에 「능포다원」에 가보고 싶었다. 영업시간을 확인하고 가게 앞에 도착했다. 그런데 문이 굳게 닫혀 있었다. 가게 안은 불도 모두 꺼져 있고 인기척이 없었다. SNS를 운영하는 곳도 아니어서 문이 닫힌 이유를 알 수 없었다.

능포다원은 영화 〈경주〉로 알려진 전통찻집이다. 사실, 영화에 나오는 찻집은 「아리솔」인데 지금은 사라지고 없었다. 능포다원은 영화의 중요 소재인 춘화를 그린 故 김호연 화백의 부인이 운영 중인 찻집이다. 그 그림을 실제로 볼 수 있고, 공간의 느낌이 영화 속 찻집과 비슷해서 나처럼 〈경주〉를 본 사람이 찾는 곳이라고 했다. 오늘처럼 잠깐 문을 닫아 두더라도 찻집이 오래도록 남아있었으면 좋겠다.

터덜터덜 봉황대 주변을 서성이는데 「프렙(Prep)」이라는 칵테일바가 보였다. '준비하다'라는 뜻을 가진 바. 또 이름이 호기심을 자극했다. 어떤 칵테일과 음식이 준비되어 있을까 궁금해하는 동안 바 앞에 도착했다. 시원하게 뚫린 통창

너머로 봉황대를 바라보며 혼자 칵테일을 마시고 있는 손님이 보였다. 나도 저기서 능멍을 때려보고 싶었다. 조용히 혼자를 즐기는 그 손님에게서 알 수 없는 용기를 얻었다. 어두운 칵테일바의 문을 열고 안으로 들어갔다.

결혼 이후 혼자서 술을 마시러 온건 처음이었다. 아직 술 냄새도 못 맡았는데 심장이 빨리 뛰었다. 결혼 후라고 했지만 사실 미혼시절이라고 크게 달랐던 건 아니었다. 메뉴판에는 스무 가지가 넘는 칵테일과 약간의 안주가 있었다. 평소 찾아 마시는 술은 아니라서 아는 게 없었지만 상관없었다. 이건 여행이니까.

〈화원〉이라는 칵테일을 주문했다. 이곳의 모든 메뉴를 통틀어서 가장 이름이 예뻤다. 직원분의 설명에 따르면, 화원은 경주 남산의 「예인화원 와이너리」에서 생산한 화이트와인과 프렙의 루바브 시럽, 맥주 홉이 만나 탄생했다. 경주의, 경주에 의한, 경주를 위한 칵테일이었다. 맛은 이름처럼 가볍고 화사했다. 칵테일 위에는 루바브 시럽으로 만든 분홍색 젤리가 올려져 있었는데, 쫄깃하고 새콤해서 정말 맛있었다. 따로 주문할 수 있었으면 몇 개는 더 먹었을 것 같다. 혜원이 옆에 있었다면 분명 반해버렸을 맛. 집에 돌아가면 꼭 추천해 줘야겠다는 생각에 얼른 메모를 했다. 술의 이름부터 맛과 특징, 사진까지 남겼다.

빨대로 차가운 칵테일 한 모금을 빨아올리고 고개를 들면 창밖에 밤의 봉황대가 나타난다. 짙푸른 경주의 밤과 자잘한 별빛이 봉황대와 하나가 됐다. 한낮에는 초록의 고분이었던 것이 지금은 우주의 행성이 되었다. 고분 위 나무들은 마치 〈어린 왕자〉에 나오는 바오밥나무 같았다. 나는 취하지 않고도 취해 있었다.

칵테일 한 잔을 다 비우는 동안 고분은 계속해서 풍경을 바꿔 주었다. 주인과 밤 산책을 나온 갈색 푸들이 슬쩍 고분에 오르려는 모습, 아름다운 밤 고분을 뒤에 두고 엄마의 사진을 찍으려는 두 딸의 열정적인 손짓, 덩치 큰 남자친구에게 업혀 신나게 팔을 휘적거리며 웃고 있는 여자친구, 팔짱을 끼고 걸으며 쌀쌀한 날씨를 즐기는 부부. 밤의 봉황대가 안아준 작고 귀여운 경주 사람들.

행복의 장면들이 두 눈에 촉촉하게 담겼다.

 봉황대의 아름다움을 조금 더 음미하고 싶다는 핑계로 〈퍼펙트 클리너〉라는 칵테일을 또 주문했다. 이번에도 역시 이름의 느낌만으로 골라봤다. 마지막 잔에 딱 어울리는 이름 아닌가. 페퍼민트 인퓨즈드 진, 무화과 리큐어, 자몽 소다로 만든 칵테일이라고 했다. 새로 온 칵테일도 반밖에 남지 않았을 때. 바텐더님이 청주 한 잔을 서비스로 가져다주셨다. 경주 최부잣집의 가양주인 〈대몽재〉라고 했다. 가양주가 뭔가 해서 찾아보니 '집에서 만드는 술'이었다. 요즘은 집에서 술을 만드는 경우가 거의 없으니, 특정한 가문에서 대를 이어 만들어 오고 있는 전통주를 말하는 것 같다. 대몽재는 한 달에 300병만 만들어서 판매를 시작하면 금방 동이 나는 귀한 술이었다. 세 달을 숙성했다는 얘기를 들어서 그런지 향이 풍부하고 목넘김이 부드러웠다. 아내와 한 잔씩 마시면 좋겠다 싶었으나 일상에서 즐길 가벼운 가격은 아니라서 구매를 포기했다.

 잠깐 봉황대 구경이나 하다 나오려 했던 칵테

일바에서 한 시간을 보냈다. 그만 숙소에 가서 하루를 마감할까 고민하다가 조금 더 돌아다녀 보기로 했다. 아직 밤이 길었다. 아까 프렙을 만나지 않았다면 가려고 했던 곳. 혼술 하기 좋은 이자카야로 알려져 있던 「단디」를 목적지로 정했다. 단디는 '단단히'를 의미하는 경상도 사투리다. 술을 마셔도 정신을 단디 차리라는 걸까. 사장님이 안주 준비를 단디 하신다는 걸까. 술기운이 빠져나가며 쌀쌀해졌다. 나는 셔츠 단추를 단디 잠그고 단디로 걸어갔다.

이런. 단디도 호랑이카츠처럼 키오스크로 주문을 받았다. 가게가 추구하는 분위기와 전혀 어울리지 않는 시스템이 아쉬웠다. 이자카야와 키오스크라니... 아사히 생맥주 한 잔과 블로그에서 봤던 미니 오코노미야키를 안주로 주문했다. 작고 귀여운 생김새처럼 맛도 귀여웠다. 그래도 심야식당처럼 커다란 'ㄷ' 자 테이블에 둘러앉아 마신 시원한 생맥주는 최고였다.

내 건너편에는 병맥주를 마시는 커플이 앉아 있었고 저 멀리 오른쪽 자리에는 소주를 마시는 세 친구가 있었다. 분명 혼술로 유명하다는 글을 보고 왔다. 어째서 나만 혼술인 건지 당황스러웠다. 술잔과 함께 오가는 대화로 나를 제외한 모두가 경주 사람임을 알 수 있었다. 인터넷에는 나오지 않는, 여행자인 상태로는 도저히 알 수가 없었을 경주 사람의 진짜 경주 이야기는 쫄깃한 안줏거리가 되어 주었다. 거기다 강릉에서는 보기 힘든 아사히 생맥주라 한 잔을 더 시켰다.

사장님의 탁월한 선곡을 즐기며 메모장에 글을 쓰고 있었다. 손님 한 명이 갑자기 소리를 질렀다. 처음 들어왔을 때는 별것 아닌 농담에도 신나게 웃고 있었던 세 친구 중 하나였다. 금세 다 같이 언성이 높아지더니 말싸움이 시작됐다. 아까부터 제일 나이 많아 보이는 친구가 '너 그렇게 행동하면 안 된다'라는 식의 얘기를 줄곧 하더라니…. 결국은 참으며 듣고 있던 친구를 울려버렸나 보다. 제 딴에는 친구를 아낀다는 명분으로 충고를 늘어놓았겠지. 하지만 의도와 과정이 어땠었든 간에 상대가 원하지 않았으니 그저 상처를 주는 말과 행동이었다. 싸움으로 귀를 시끄럽게 한 것보다 공감과 이해가 빠진 강압적인 대화가 불쾌

했다. 다행히 주방에 있던 사장님이 진화에 나서 주셨다. 가게 안에 있던 모두에게 파인애플 한 접시씩을 서비스로 돌렸다. 뜨거운 공기가 식고 상큼한 파인애플 향이 퍼졌다.

　상처 입은 자들이 떠났다. 나는 마지막 생맥주 한 잔을 더 마셨다. 잔을 다 비우고 일어서면서 사장님과 간단한 인사를 나눴다. 내가 여행자임을 알게 되자 경주중앙시장에 있는 소머리국밥집을 추천해 주셨다. 내일 아침에 해장하면 좋을 거라고. 맞은편에서 듣고 있던 커플 손님들이 밀면집 몇 곳을 알려주셨다. 그러곤 경주에는 먹을 게 별로 없다며 웃었다. 강릉에 오는 지인들에게 내가 자주 하는 말이었다. 어디나 사람 사는 모습은 비슷하다.

　몇 년 만의 과음. 알코올에 푹 적셔진 솜뭉치가 됐다. 아니 얼굴은 이미 활활 타오르고 있었다. 무사히 숙소에 돌아왔지만 침대 위로 퍼져버렸다. 정신을 차리기 위해 찬물을 끼얹었다. 오늘의 글을 써두고 잠들어야 했다. 내 비루한 기억력은 내일이면 화르르 산화해 버릴 테니까.

졸음을 이겨내기 위해서 평소보다 큰 소음이 필요했다. 고전이 된 영화 〈프리티 우먼〉을 틀어두고 노트북을 펼쳤다. 리처드 기어 아저씨의 기품 있는 미소와 줄리아 로버츠의 생기 발랄한 아름다움. 글을 써야 하는데 눈이 자꾸 화면으로 옮겨갔다. 이제는 뻔해진 스토리마저 새로이 흥미로웠다. 영화를 틀기 전에 미약하게나마 남아있었던 집중력이 깡그리 흐트러져 버렸다.

나는 화면을 가득 채운 군중의 한 명이 되어 리처드 기어와 줄리아 로버츠를 바라보고 있었다. 모두가 사라지고 엔딩 크레디트가 올라가자 정신이 돌아왔다. 순식간에 두 시간이 사라졌다. 글을 쓰겠다면서 무슨 생각으로 감히 세계의 명작이라 불리는 영화를 골랐던 걸까. 얼마나 취해 있었던 걸까.

이제 새벽 2시. 아직 여행 이틀 차의 밤이다. 내 신체 능력과 남은 기간을 고려했을 때 새벽을 지새우는 건 절대 무리다. 낮에 틈틈이 해둔 메모를 위안 삼아 침대에 누웠다. 글쓰기는 강릉에 돌아간 미래의 나에게 떠넘겼다. 걱정을 벗어던지니

홀가분해졌다. 하루 종일 잘 보고, 잘 먹고, 잘 놀았다. 아주아주 길고 행복한 하루였다.

혼자 경주. 셋째 날. 처음

무자비한 속 쓰림. 알코올의 역습이 시작됐다. 들어간 술에 비해 숙취가 과한 것 아닌가 억울한 아침. 속을 달래줄 진한 해장이 절실했다. 뜨끈한 국물 생각에 어제 「단디」에서 추천받은 소머리국밥이 떠올랐다. 원래 소머리국밥을 좋아하는 편은 아니다. 강릉에도 중앙시장 안에 소머리국밥 골목이 있는데 맛이 어떨까 궁금해서 혜원과 먹으러 간 적이 있었다. 배가 부르고 뜨끈하긴 했지만 나중에 또 먹고 싶다는 생각은 들지 않았었다. 그런 내가 경주까지 와서 다시 소머리국밥을 먹으러 가게 될 줄이야.

가는 날이 장날이라 했던가. 오늘은 5일마다 돌아오는 경주중앙시장의 장날이었다. 시장 안팎뿐 아니라 길 건너 저 멀리까지 물건을 사고파는 사람들로 장사진을 이루고 있었다. 경주 어르신들의 축제 한마당이 펼쳐져 있는 것 같았다. 경주 중앙시장은 9문 11동의 대형 시장이다. 입구가 9개에 포목, 의류, 식사, 어물 등으로 나눠진 상가동이 11개나 된다는 말이다. 나는 그중에서 식당 부라 불리는 10동을 찾았다. 신림동 순대타운처럼 10동 안에 모든 소머리국밥집이 함께 있었다. 단디 사장님이 알려준 「양북식당」에 자리를 잡고 앉았다. 아직 점심시간 전이었음에도 빈자리가 거의 없었다.

식당 간판을 자세히 보기 전까지는 오늘 먹을 음식이 소머리국밥인 줄로만 알고 있었다. 그런데 이럴 수가! '국밥'이 아닌 '곰탕'이었다. 옆에 있는 다른 가게도 모두 소머리곰탕! 이곳은 「경주 중앙시장 소머리곰탕 골목」이었다. 약간의 착오는 있었지만 오히려 다행이었다. 국밥보다 곰탕을 좋아하는 쪽이다. 오랜 시간 푹 고아 만든 소머리곰탕. 맑은 국물이 담백하고 고소했다. 고기와 함께 씹히는 파가 시원했다. 나는 곰탕이나 국밥을 먹을 때 소금이나 다진 양념을 넣지 않는다. 그러면 어느 정도의 잡내는 감수해야 하는데 한우를 써서 그런지 괜찮았다. 고기의 식감도 부드러웠다. 일찍부터 빈자리가 없는 이유가 있었다.

최고의 해장이었다. 어제 귀찮음을 이겨내고 단디에 가길 잘했다. 처음 본 사람이었지만 그의 추천을 들어보길 잘했다. 입맛에 맞지 않을 것 같아도 다시 도전해 보기를 잘했다. 안 하던 짓을 해보길 잘했다. 잘했다.

　벽 없이 뻥 뚫려있는 식당이라서 밥을 먹는 동안 들어오고 나가는 손님이 그대로 보였다. 고픈 배를 잡고 들어오는 사람과 부른 배를 두드리며 나가는 손님이 익숙하게 인사를 나누는 모습이 이어졌다. 시장에서 일하다가, 장날 구경 왔다가, 나처럼 여행하러 왔다가. 다양한 사람들이 모여 곰탕을 먹으며 뜨끈한 기운을 뿜어내고 있었다. 일 년 내내 시장의 든든한 한 끼가 되어주는 소머리곰탕이었다.

　숙취를 벗겨낸 몸으로 봉황대까지 걸었다. 광장 주변으로 펼쳐진 잔디밭 곳곳에 돗자리들이 보였다. 삼삼오오 모여 피크닉을 즐기는 모습에서 조르주 쇠라의 〈그랑 자트 섬의 일요일 오후〉가 생각났다. 나도 커피와 빵을 사다 놓고서 돗자리 위에 누워 있고 싶었다. 행복해 보이는 사람들을 자꾸 마주쳤더니 빨리 집에 돌아가고 싶어졌다. 혜원과 벼리가 그리웠다. 나는 여행 마지막 날 강릉으로 돌아가는 KTX 열차의 출발 시간을 변경했다. 오후 5시 25분에서 오전 10시 25분으로 7시간을 앞당겼다.

 해장을 완벽히 마쳤으니 사랑하는 커피를 마실 수 있다. 마침 봉황대에서 5분을 걸어가면 「노워즈」가 있었다. 곧 점심시간. 식사 후 커피가 당기는 이들이 몰려들기 전에 서둘러 카페를 찾아갔다.

 일찍 움직인 덕에 2층의 햇볕 잘 드는 창가 앞자리에 앉을 수 있었다. 오늘은 지난 여행에서 마셨던 〈헤드오브플라워〉 원두로 아이스 카페라테를 주문했다. 활짝 열린 창으로 이따금 불어오는 기분 좋은 봄바람을 맞으며 경주의 봄을 만끽했다. 창문 아래 회색 도로 위를 바쁘게 달리는 자동차와 길 건너 푸릇한 잔디를 한가로이 노니는 사람 간의 대비가 인상 깊었다. 오직 노워즈에서만 볼 수 있는 이 특별한 장면을 좋아한다.

 이곳에서 또 하나 좋아하는 것. 내부의 도드라지는 개성과 시선을 빼앗는 외부의 아름다운 풍경. 끝없이 뿜어 나오는 커피 향. 귓가에 울리는 시끌벅적한 대화 소리. 한두 뼘 간격으로 붙어 앉는 좁고 불편한 좌석 배치가 오히려 타인의 존재를 의식하지 않게 만든다. 서로가 서로의 흐릿한 배경으로 아웃포커싱 되어 마음껏 자유로워지는 이 순간을 정말 좋아한다.

오늘도 대릉원 산책을 잊지 않았다. 미세먼지 예보가 있었음에도 놀이공원처럼 사람이 많았다. 나처럼 고분을 좋아하는 사람들에게 이깟 나쁜 공기 따위는 먼지만큼 미세한 문제였다. 천천히 크게 한 바퀴를 돌고서 나무 그늘에 앉아 멍하니 연못을 바라보고 있었다. 그때 연못 건너편에 개나리꽃처럼 노란 모자와 노란 단체복을 입고 소풍을 나온 아이들이 우르르 몰려왔다. 아이들은 선생님의 통제 속에 단체 사진을 찍었다. 뭐가 그렇게 즐거운지 까르르 웃음소리가 끊이지 않았다. 천진난만한 모습이 병아리 보다 귀엽고 예뻐 혜원에게 보내주었다.

미세먼지가 심해졌는지 시끄러운 경고 알림이 왔다. 소중한 기관지를 위해 그만 실내로 이동해야 했다. 경주에는 날씨가 좋지 않을 때 가면 더 좋은 곳이 있다. 나는 대릉원 후문으로 빠져나와 택시를 불렀다. 택시는 「국립경주박물관」으로 향했다.

박물관의 공기, 온도, 습도는 완벽했다. 유물을 보존하기 위해 마련한 현대 과학의 정수가 미세먼지로 찌든 여행자의 기분을 리프레쉬 해주었다. 역시 오늘 같은 날은 박물관이 최고였다.

나는 '관'을 좋아한다. 박물관, 미술관, 도서관, 전시관, 과학관, 체험관. 그중에서도 박물관을 가장 좋아한다. 먼저 살았던 이들의 남겨진 흔적이 반갑다. 유물을 보며 놀라움, 귀여움, 설움, 아름다움 그리고 경이로움의 감정을 맛보는 게 행복하다. 같은 박물관에 몇 번을 와도 좋다. 이미 봤다고 생각했던 것도 다시 보면 다른 게 보인다. 그날의 컨디션이나 요즘의 취향에 따라 끌리는 유물이 다르다. 전에는 그냥 지나쳐 보지 못했던 유물이 반짝반짝 빛을 내며 시선을 사로잡곤 한다.

작년 초에 왔었던 경주 여행에서도 여기에 왔었다. 그때는 혜원과 함께였다. 유물 앞에서 소곤소곤 대화를 나누며 상상의 나래를 펼치거나 떠오르는 감정을 표현할 수 있어서 좋았다. 혼자인 오늘은 유물 앞에서 원하는 만큼 머물며 디테일을 음미할 수 있어서 좋았다. 둘 이어도, 혼자여도 좋은 박물관이다. 지난번에는 보지 못했던 귀여운 항아리 유물을 발견하고 혜원에게 공유했다. 그녀가 바로 답장을 해주어서 따끈한 감상을 전했다. 아무래도 나는 둘이 더 좋은가 보다.

신라역사관 먼저 관람을 마치고서 신라미술관으로 건너갔다. 1층의 디지털 영상관에서 〈신라인이 표현한 그 시대의 얼굴들〉이라는 제목의 흥미로운 영상을 시청했다. 여러 유물에 새겨진 얼굴을 모아 현대의 새로운 시각으로 해석한 후 소개하고 있었다. 신라인이 자기네 얼굴을 표현하는 방식과 서역인의 얼굴을 표현하는 방식을 비교하며 볼 수 있어서 인상 깊었다. 신라인은 얼굴을 있는 그대로만 표현하려 하지 않았다. 시간이 흘러도 변하지 않을 이상적인 얼굴을 창조하고 싶어 했다. 반면 서역인에 대해서는 움푹 들어간 눈, 덥수룩한 턱수염, 커다란 코와 같이 공통적인 규범을 만들어 표현했다. 극소수였을 낯선 이방인을 자기네 필요에 따라 캐릭터화한 신라인들의 생각이 귀여웠다.

새로운 해석이 머리에 들어와서일까. 영상이 끝나고 다시 본 유물 속 신라인의 얼굴에 여러 사람이 겹쳐져 보이는 것 같았다. 이렇게 시키지도 않은 공부를 하고 있자니 아주 잠깐이지만 고고학자를 꿈꿨던 어린 시절이 생각났다. 역사 이야기, 정확히는 역사의 뒷이야기를 만화나 드라마보다 좋아했었지만 고고학자는 한자 공부를 열심히 해야 한다는 사실에 꿈을 포기했었다. 아주 철없는 꼬마였다.

박물관을 관람하느라 너무 많이 걸어서 돌아오는 길은 택시를 이용했다. 관광도시답게 어디서나 택시가 금방 잡히는 경주였다. 오는 길 곳곳에 〈경주 도자기 축제〉를 알리는 현수막이 걸려 있었다. 몇 분 전에 신라 토기를 보고 나왔더니 도자기 축제가 궁금했다. 유물 같은 도자기도 나오려나. 아쉽지만 축제는 여행이 끝난 후 개막될 예정이었다.

다리에 조금 더 휴식을 주고자 「커피플레이스」

로 갔다. 주문은 또 오늘의 커피. 오늘의 원두는 〈케냐 와무구마〉였다. 처음 보는 이름이었다. 원두 안내 카드에서 "밝고 웃음이 많은, 그래서 함께하면 같이 즐거워지는 그런 친구 같은"이라는 문장이 눈에 들어왔다. 혜원의 얼굴이 떠오르는 문장이었다.

새로운 커피 향을 먼저 맡아보고서 어제 사 온 책을 꺼냈다. 두어 장 넘겼을 때쯤 한쪽에서 큰 목소리의 대화가 시작됐다. 잠깐 그러다 말겠지 하고 다시 책을 읽었다. 하지만 한참이 지나도 목소리가 작아지지 않았다. 책을 다시 가방에 집어넣었다. 어쩔 수 없었다. 여긴 카페니까. 남의 대화는 신경을 끄고 커피 맛에 집중해 보자 애썼다. 새로운 커피와의 첫 만남은 늘 어렵다. 한 모금 한 모금을 마실 때마다 다른 맛이 느껴진다. 오늘은 잔을 다 비우고도 종합된 하나의 맛을 기억해내는데 실패했다. 책도 커피도 집중이 안 됐다. 집에 돌아가면 익숙한 커피를 마시려고 지난 여행 때 마신 원두와 클래식 블렌드 원두를 사서 카페를 빠져나왔다.

오늘도 참 빡빡하게 돌아다녔다. 아직 저녁은 아니었지만 살기 위해 뭐라도 먹어야 했다. 남아있는 에너지를 아끼기 위해 가까운 식당을 검색했다. 놀랍게도 금리단길에 비건 레스토랑이 있었다. 비건은 아니지만 비건 음식 먹기를 워낙 좋아한다.

　「옐라」는 오픈한 지 얼마 안 된 비건 레스토랑이다. 혼자서 모든 걸 해야 하지만 아직 낯을 가리시는듯한 사장님이 재밌었다. 정보를 찾아보니 지역 채소로 건강한 채식을 만들어 시민들에게 소개한다고 했다. 나는 비건 커리를 주문했는데, 과연 일반적인 커리와 어떤 차이가 있을지 너무 궁금했다.

　주문한 비건 커리가 나왔다. 블렌딩 한 채소로 만든 커리에 버섯 치킨과 구운 채소가 올려져 있었다. 사장님이 왕손이신지 양이 어마어마했다. 커리는 맛있었다. 버섯으로 만든 치킨은 돈가스와 비슷한 식감을 냈다. 나는 속이 편하려고 비건식을 먹는 사람이라 튀김옷 입은 토핑이 많은 게 아쉬웠다. 주문 단계에서 옵션으로 고를 수 있었다면 좋았겠다.

생존 열량을 충분히 확보했다. 아직 하루는 3분의 1이 남아있었다. 이 시간은 어떻게 보낼지 고민하다가 한 번 더 혼술을 즐겨보기로 했는데, 이왕이면 어제와는 다른 곳을 가보고 싶어서 블로그를 검색했다. 다른 여행자가 올려둔 글을 보다가 스타일 좋은 칵테일바를 발견했다.

「바실란도」는 황리단길 깊은 골목 안에 있는 칵테일바다. 저녁 7시. 영업시간이 되자마자 문을 열고 들어갔다. 나는 오늘의 첫 손님이 되었다. 일단 롱아일랜드티라는 이름을 가진 〈롱티 칵테일〉과 스낵 안주인 〈나쁘지 않은 녀석들〉을 시켰다. 칵테일은 상큼한 아이스티에 알코올이 섞여 있는 맛이었다. 가벼운 향에 방심했었는데 금방 취기가 오르는 타입이었다. 영화 〈나쁜 녀석들〉을 연상하게 하는 〈나쁘지 않은 녀석들〉은 치즈가 뿌려진 제크와 아이비 크래커가 접시에 동그랗게 둘러져 나왔다. 접시 한가운데는 과자를 찍어 먹을 꾸덕한 크림치즈가 놓여 있었다.

바실란도(vacilando)는 "목적지에 도달하는 것보다 여정 자체를 즐긴다"라는 의미를 가진 스페인어다. 혼자 여행하고 있는 나의 지금과 절묘하게 맞아떨어지는 이름이 반가웠다. 얼마 지나지 않아 다섯 명의 외국인이 바에 들어왔다. 넉살 좋은 그들은 스페인에서 여행을 왔다고 했다. 바의 이름이 스페인어라고 정말 스페인 손님을 만날 줄은 몰랐다.

잠깐 여유가 생겼는지 젊은 사장님이 말을 걸어왔다. 내게 어디서 왔냐고 물었고 나는 강릉에서 왔다고 답했다. 그가 반기며 강릉을 무척 좋아한다고 했다. 언젠가 강릉에 독서 게스트하우스를 차리는 게 꿈이라고 했다. 나는 머지않아 꼭 이룰 거라며 그 꿈을 응원했다. 그는 책을 많이 좋아하는지 매주 수요일 밤마다 낭독회를 열고 있었다. 그런데 오늘은 새로운 걸 시도해 보고 싶은 마음이 들어서 낭독회 대신 수어를 가르쳐 줄 거라고 했다. 하지만 시작 시각이 9시였다. 나는 7시에 와버렸는데…. 그는 괜찮다면 9시까지 즐기다가 수어를 배워보라고 했다. 분명 재밌는 경험이 될 거라고 했다. 나는 혼자서 두 시간을 기다릴 수 있을지 확신할 수 없어서 명확한 답 없이 웃어버렸다.

　새로운 손님이 바에 들어와 그와의 대화가 끝났다. 나는 메모장을 켰다. 바를 비추는 붉은 조명 아래 문장을 쓰고 칵테일을 마셨다. 문장을 쓰고 또 마시고. 늘어나는 글줄만큼 칵테일이 줄어갔다. 조금 뒤 옆자리에 커플 한 팀이 들어왔다. 뒤이어 친구 사이로 보이는 두 사람도 들어와 자리를 잡았다. 바에 손님이 가득 차고 있는데 나만 혼자였다. 여기도 단디처럼 혼술 하기 좋은 곳으로 알려져 있었는데 말이다.

　스피커에서 취향을 저격하는 노래가 연이어 흘러나왔다. 국내와 해외 음악이 사이좋게 번갈아 나오게 플레이리스트를 구성했다. 잔나비와 애정하는 백예린의 노래도 한 번씩 나와주었다. 칵테일을 주문하면 듣고 싶은 음악 세 곡을 신청할 수 있었다. 이미 선곡된 노래들이 마음에 들어서 성급히 내 몫을 신청하지 않고 듣기만 했다. 예전에 즐겨 듣던 라디오처럼 다음에 나오는 노래를 알 수 없으니 기다리는 설렘이 있었다. 바에 들어온

지 한 시간이 지났을 때 나도 노래를 신청했다. 짙은의 〈잘 지내자, 우리〉. 스피커 밖에서 울리는 그의 목소리가 바실란도의 감성에 어우러졌다. 흐르는 시간의 속도를 보며 수어를 배우고 가야겠다 생각했다. 남은 안주가 많아서 〈바실하이볼〉이라는 시그니쳐 칵테일을 한잔 더 마셨다.

이곳은 아주 작은 한옥을 개조한 곳이라서 음료를 준비하는 바를 제외하고 나면 정말 아담하다. 그런데 크기의 제약은 주인이 채워 넣은 취향을 더 밀도 있게 만들어준다. 밀도 높은 공간은 매력적이다. 나는 이곳 사진을 몇 장 찍어 혜원에게 보냈다. 사진 중 하나에 우리 캐릭터를 그려 넣어달라고 부탁했다. 그녀는 재밌어하며 금방 그려서 보내준다고 했다. 만약 혜원이 여기에 있었다면 이미 이곳을 그리고 있었을 것이다.

혜원이 귀여운 그림을 보내왔다. 나는 조용히 사장님을 불렀다. 영문을 모르고 다가온 그에게 그림을 선물했다. 그는 생각지도 못했던 선물이라 놀랐다고, 너무 감사하다며 좋아했다. 혜원에게 그 고마움을 전달했다. 그림을 그리는 능력은 신이 주신 가장 특별한 재능이다. 혜원이 가진 하나의 재능으로 세 개의 행복이 생겼다.

밤 9시 정각. 드디어 수어를 배우는 시간이 되었다. 나와 손님들은 사장님의 안내에 따라 안쪽에 마련된 자리로 이동했다. 나무로 만든 층층이 계단에 다 같이 오밀조밀 앉아 있으니 혜화의 소극장에 들어와 있는 것 같았다. 칵테일바에 혼술을 하러 왔다가 수어를 배우다니. 소설 같은 일이 일어나고 있었다. 앞에 선 사장님이 먼저 수어에 대한 개념과 함께 간단한 인사말을 알려주었다. 수어는 손으로 하는 말이라고 알고 있었다. 그런데 손짓말고 몸짓도 함께 사용하며, 가장 중요한 건 표정이라고 했다. 같은 동작이라도 표정에 따라 전혀 다른 의미가 될 수 있으니 조심해야 한다고 했다.

인사말 다음으로는 감정 표현, 요일, 자음과 모음을 차례로 익혔다. 이후에는 배운 수어로 각자의 이름을 표현해 보는 시간을 가졌다. 내 이름을 표현하는 새로운 언어가 생겼다. 그리고 수어를 사용하는 사람과 서로 이름을 알려줄 수 있게 됐다. 한 시간의 수업이 5분처럼 짧았다. 주위를 보니 나만 그런 게 아니었다. 술 한잔 마시러 온 사람들이 한 시간이나 마시기를 멈추고 수어 수업을 듣다니. 평생 잊을 수 없는 경험을 했다.

 수업이 끝났다. 남은 칵테일을 비우고 그만 숙소로 돌아가야 했다. 델리스파이스의 〈항상 엔진을 켜둘게〉와 백예린의 〈그럴 때마다〉로 내 몫의 노래를 모두 소진했다. 혼자인 밤이 외로웠던 걸까. 생각보다 너무 오래 머물러 있었다. 불과 몇 시간 전에는 일면식도 없는 사이였지만, 꽃을 쫓는 나비처럼 취향에 이끌려 들어온 곳에서 서로가 들려주고픈 음악을 나눠 가졌다. 오늘 밤을 함께한 사람들과 말 없는 공감의 시간을 보냈다.

 그만 바를 나가려고 하는데 사장님이 샷을 서비스로 주셨다. 여행 재밌게 하고 돌아가라는 인사에 강릉에 꼭 놀러 오라 답했다. 우리는 작별인사를 담은 건배와 함께 각자의 자리로 흩어졌다. 고요한 경주의 마지막 밤을 걷다가 숙소로 돌아왔다.

오늘 밤 글쓰기는 영화 〈유열의 음악앨범〉을 틀어 놓고 시작했다. 인간은 같은 실수를 반복한다고 했던가. 분명 낮은 평점과 지루하다는 영화평을 본 것 같은데, 어째서인지 또 끝까지 다 보고 말았다. 써야 할 글 대신 사랑과 행복, 믿음의 상관관계에 대한 여운만 남았다. 나는 혜원이 집을 비워 혼자 있게 되면 영화를 보는 습관이 있다. 그게 경주에 와서까지 이어질 줄은 몰랐다. 취기가 사라진 자리에 졸음이 왔다. 내일이면 다시 강릉으로 돌아간다.

혼자 경주. 마지막 날. 생각

혼자 경주에서 맞는 마지막 아침. 시끄러운 8시 알람 소리. 몸이 마른 장작처럼 푸석하고 딱딱해졌다. 혜원과 있을 때보다 회복력이 현저히 떨어졌다. 침대에서 몸을 일으키는 순간부터 여행의 끝을 알리는 카운트다운이 시작된다. 아직 잠에서 깨고 싶지 않았다. 나는 눈을 감고 여행의 끝을 유예했다. 어색했던 숙소 넓이와 구조, 서늘한 실내 온도, 전자제품 돌아가는 소리와 길가의 소음 따위가 익숙해졌다. 내게 익숙함은 여행의 신선도가 떨어졌다는 것이다. 일어나야 할 때였다. 침대를 벗어나 샤워를 하고 돌아갈 짐을 쌌다. 가져온 백팩은 책 두 권과 옷 한 벌, 커피 원두 몇 봉지와 원화, 금관총 리플릿이 담긴 종이가방만큼 무거워졌다.

체크아웃 전에 숙소를 정리했다. 창문을 열어 며칠간 쌓인 체취를 제거했다. 베개에 붙은 머리카락을 떼어내고 침대보를 펼쳐두었다. 어차피 침구를 완전히 교체할 테지만 지저분한 흔적이 남는 게 싫다. 사용한 유일한 식기 유리컵도 깨끗이 씻었다. 침대만큼 오래 머물렀던 테이블과 의자 정리를 마지막으로 체크아웃 준비가 끝났다. 첫날 숙소에 들어왔을 때와 크게 다르지 않은 것 같아 만족스러웠다. 테이블 위에 캔맥주와 홈런볼 과자를 선물로 남겼다.

체크아웃이 후 밖으로 나오니 9시였다. 어젯밤만 해도 마지막 아침 식사는 소머리곰탕과 콩국 중에 먹으려고 했었다. 그런데 숙소 밖을 나와 봉황대를 걷다 보니 지난번에 혜원이 보여줬었던 브런치 카페가 생각났다. 마침 숙소에서 5분 도 걸리지 않는 거리였다.

브런치 카페 「너드(NERD)」는 봉황대와 커피 플레이스 근처의 골목길 안에 있었다. 나처럼 혼자인 손님은 커다란 공용 테이블로 안내받았다. 나는 햇살이 뽀얗게 내려앉은 자리를 골랐다. 메뉴판을 살펴보는데 점점 목덜미가 뜨거워져 왔다. 그대로 있다가는 햇빛 알레르기가 일어나겠다 싶어 옆으로 옮겨야 했다. 겁도 없이 햇볕이 쉬고 있는 자리를 탐한 나였다. 메뉴판에 '호주식 커피와 브런치를 선보입니다'라는 문구가 보였다. 카페 안 손님 대부분이 외국인 여행자여서일까, 가 본 적 없는 호주 브런치 카페에 앉아 있는 듯한 착각이 들었다.

나는 〈산책〉이라는 기분 좋은 이름의 비건 샐러드와 오렌지 착즙 주스를 주문했다. 이번 여행 두 번째 비건 음식이었다. 선택의 다양성이 행복의 가짓수를 늘려준다. 강릉도 순두부와 짬뽕 말고 비건 메뉴가 있었으면 좋겠다. 산책은 사워도우 빵 위에 아보카도와 버섯, 썬 드라이 토마토, 구운 채소가 잔뜩 올려져 있고, 비트 후무스와 감자칩, 그리고 소스가 뿌려져 있는 샐러드였다. 검은 접시 위로 빨강, 노랑, 초록이 어우러져서 시각적으로도 예뻤다. 채소도 빵도 하나 빠질 것 없이 맛있었다. 매일 메뉴를 바꿔가며 먹어도 좋을 것 같았다. 각각의 재료들을 천천히 음미하며 즐기려고 했다. 그럴 수 있을 줄 알았다.

10분 후. 나는 절반의 샐러드를 남겨두고 밖으로 나와야 했다. KTX 열차를 타기까지 남아 있는 시간을 잘못 계산해 두고 있었다. 브런치를 먹고도 여유가 있을 거라 생각해서 커피플레이스의 커피도 한잔 마시려고 했었다. 그래도 시간이 남을 테니 봉황대를 산책하다가 택시를 타고 경주역으로 간다는, 딴에는 완벽한 계획을 세워두고 있었다. 터무니 없었다. 실제로는 여유시간이 두 배가 있었어도 빡빡할 만큼 바보 같은 계산이었다. 머리에 무슨 일이 있었던 건지 지금도 미스터리로 남아있다. 포크와 나이프를 내려놓고 도망치듯 카페를 빠져나갔다. 택시가 바로 잡혀서 늦지 않고 무사히 경주역에 갈 수 있었다.

경주역에 도착하자 열차에서 내린 승객들이 대합실을 빠져나오고 있었다. 이제 막 경주에 도착한 사람들의 행복한 미소 사이를 빠르게 지나쳤다. 부러워할 시간이 없었다. 열차는 출발 시간이 되자마자 뒤돌아보지 않고 경주를 떠났다. 한숨을 돌렸다. 정신이 돌아오니 카페에서의 일이 생각났다. 주방에서 땀 흘려 채소를 구웠을 요리사와 영문도 모른 채 잔뜩 남겨진 음식을 정리한 홀 직원의 얼굴이 떠올랐다.

'음식을 많이 남겨서 미안합니다. 정말 정말 맛있었는데, 제가 바보처럼 시간 계산을 잘못해서요. 지금 KTX를 타러 가야 합니다. 다음에는 여유 있게 올게요.'

1분도 걸리지 않았을 말. 인사를 남기고 왔으면 좋았을 걸 후회했다. 여행은 늘 나의 모자란 부분 하나씩을 밖으로 꺼내 놓고서 여행이 끝나갈 즘 스스로 알아차리게 해 준다. 다음 여행에서는 이번과 다르게 행동해 볼래? 하며 기회를 주는 것 같다. 여행의 기간만큼 성숙해지는 사람이 되고 싶다.

　내 앞에 앉아있던 다섯 살쯤 된 남자아이가 갑자기 창문을 두드리고 의자를 쳤다. 옆에 앉은 엄마의 어깨를 치고 짜증 내기를 반복했다. 꽉 막힌 데다 시끄럽게 덜컹거리는 열차가 아이에게는 참을 수 없는 괴로움인 것 같았다. 엄마는 아이의 답답함을 달래주려고 몇 번이나 비틀거리며 좁은 통로와 이음 칸을 오갔다. 효과는 잠시뿐이었다. 엄마는 결국 아이를 무릎 위에 올리고 스마트폰 영상을 보게 했다. 나는 저러다 아이가 더 크게 소리치거나 엉엉 울어버리면 어떻게 해야 하나 걱정했다. 돌이켜 생각해 보면 저 엄마는 나처럼 예민한 승객의 눈치를 온몸으로 받아내며 아이를 지켜주고 있었다. 경주에서 서울까지 두 시간을 그랬다.

당연하게도 아이와 엄마는 이후 아무 일 없이 서울역에 잘 도착했다. 등에는 백팩, 한 손에는 볼록하게 튀어나온 손가방 두 개, 남은 손에는 아이의 작은 손. 서울역 플랫폼에 내려서는 엄마의 뒷모습이 아름다웠다.

둘을 보며 엄마와 시외버스를 기다리던 어린 시절이 기억났다. 내가 열한 살, 동생이 여덟 살이던 해 가을. 다음날이 추석이라 할아버지 집에 가는 날이었다. 그날은 아빠가 없었다. 우리 셋만 시외버스를 타고 가야 했다. 표는 진작에 모두 팔려버려서 터미널에 대기하고 있다가 빈자리가 생기면 입석으로 꽉꽉 채워져 출발해야 했다.

몇 시간을 기다리자 먼저 두 자리가 생겼다. 주변에 다른 아이들이 없었던 덕에 어른들이 순서를 양보해 줬다. 엄마는 고마워하며 나와 동생을 먼저 버스에 밀어 넣었다. 동생을 잘 챙기라며 곧 따라가겠다고 했다. 나는 울먹거리는 동생의 손을 꽉 잡고 멀어져 가는 엄마를 봤다. 버스가 정류장에 도착할 때까지, 나는 동생과 차창 밖을 번갈아 바라보며 엄마를 생각했다.

추석이 지나고 그때 터미널에서 있었던 일을 전해 들은 아빠는 달이 바뀌기 전에 차를 구매하셨다. 그동안은 한사코 필요 없다고 했던 차였다.

지금 내 나이보다 한참이나 어렸던 그때의 우리 엄마. 이제는 그 마음을 알아서 가슴이 아팠다. 갑자기 왜 그때 기억이 떠올랐는지. 여행은 쌀알에 새긴 글씨만 한 일도 수박처럼 커 보이게 만드는 재주가 있는 것 같다. 평소보다 빨라진 심장 박동과 떨어진 체력이 사람을 감상적으로 만드는 걸까. 혼자 있으니 별별 생각이 다 들었다.

서울역에서 강릉역으로 환승하고 다시 두 시간을 이동했다. 마지막 역에 도착하자 혜원이 마중을 나와 있었다. 서로의 얼굴을 보자마자 그냥 웃음이 나왔다. 3박 4일의 여행이었다. 실제로 보지 못한 기간은 이틀이었는데 일주일은 더 못 본 것 같았다.

홈 스위트 홈. 집에 돌아오자마자 여행에서 있었던 일을 혜원에게 보고했다. 몇 장 찍어오지 않은 사진이지만 경주에서의 특별한 에피소드와 함께 공유했다. 시시콜콜한 이야기까지 더해 한참을 떠들었다. 나중에는 무슨 말을 했는지 기억이 잘 안 날 정도로 신났었다.

둘이 했던 경주 여행은 돌아온 후 아쉬움이 남았었다. 그런데 혼자 여행을 마치고 돌아온 오늘은 아쉬움 없이 후련했다. 여행에서 무사히 돌아왔다는 안도감, 혜원과 집이 주는 포근함이 좋았다. 벼리의 귀여운 얼굴을 보자 팽팽했던 긴장의 끈이 풀어졌다. 여행의 기록을 정리하려고 책상 앞에 앉았다. 피로가 한꺼번에 몰려왔다. 커피를 내려 마시며 몇 줄을 썼다. 지우고 다시 써도 도무지 마음에 들지가 않아서 오늘은 그만두기로 했다. 경주 여행의 마지막 날을 이대로 남겨두고 침대 위로 쓰러졌다.

혼자 경주. 에필로그. 기대

하루 종일 무거웠다. 경주에서 강릉까지 며칠을 걸어서 돌아온 사람처럼 진이 다 빠져버렸다. 드러누워 아무것도 하고 싶지 않았지만 출근은 해야 했다. 하필 세스코 해충방제 서비스를 받는 날이라서 평소보다 한 시간이나 더 일찍 집을 나섰다. 미세먼지가 사라져서 가게 문을 활짝 열어뒀다. 타이밍이 좋지 않았다. 곧 상가 앞에 분뇨 수거차가 왔다. 철없던 시절 '똥차'라고 불렀던 정화조 청소 차량. 스멀스멀 다가오는 냄새가 가게를 점령하기 전에 다시 문을 닫아야 했다. 아주 산뜻한 아침이었다.

오늘의 날씨를 확인하고 에어컨을 틀었다. 경주는 28도까지 올라간다고 했다. 갑작스러운 초여름 더위에 땀 흘리며 황리단길을 걷는 사람들의 모습이 떠올랐다. 그러거나 말거나 표정은 밝을 테지. 온도만큼 더 진해진 봉황대와 웃음소리로 꽉 찬 대릉원의 모습을 상상했다. 여행이 끝나고, 다음날 바로 출근하는 일은 최악이다. 여행이 남긴 여운의 부스러기를 주워 먹으며 다시 일상으로 돌아갈 수 있는 하루가 필요했다.

나와 혜원은 강릉에서 작은 선물가게를 운영하고 있다. 손님은 대부분 강릉을 즐기러 온 여행자다. 여행자 특유의 밝은 에너지를 나눠 받으며 하루를 보낼 수 있다는 것이 이 일의 장점이다. 하지만 내가 여행을 다녀온 다음 날 그건 최대의 단점으로 얼굴을 바꿔버린다.

이제 막 여행지에 도착한 사람들의 생기발랄함. 그들은 주체할 수 없는 기쁨과 설렘을 온몸으로 뿜어낸다. 애달픈 여행의 귀환자가 저기 가게 한쪽 구석에 앉아 있다는 걸 상상조차 하지 못한다. 리듬을 그리는 명랑한 말소리와 개화하는 미소. 그들은 이미 행복의 회전목마에 올라타 있다. 찬란한 행복의 빛이 그들을 비추어 내게는 어두운 그림자를 드리우고 있었다. 나는 죄 없는 어린 여행자들에게 얼토당토않은 상대적 박탈감을 느끼며 오후 내내 여행의 후유증에 시달렸다.

입고 제품이 담긴 택배 상자를 뜯고, 물건을 정리했다. 몸을 움직였더니 생각이 흩어졌다. 경주에서 하루 늦게 출발한 마음이 돌아왔다. 내일은 어머니가 강릉에 놀러 오신다. 다음 주엔 치과에 가서 스케일링을 하고, 그다음 주는 차량 정기 검사를 받아야 한다. 월말에는 판매금 정산을 한다. 다음 달에는 온라인 민방위 교육을 수료해야 한다. 아, 올해는 건강검진을 받아야지. 여행으로 정지되어 있었던 일상의 과제들이 차례로 밀려오고 있었다.

퇴근 후 저녁 식사 시간. 혜원과 경주에서의 삶에 대해 이야기를 나누었다. 첫 번째 여행에서 장난스럽게 화두를 던졌고, 두 번째 여행을 다녀와서는 신중한 대화를 나누었다. 세 번째 여행을 마치고 나서는 우리의 미래를 다시 그렸다.

빈땅에 씨앗 하나 심어 놓고 9년을 힘들게 뿌리내린 강릉이다. 강릉을 떠나 경주로 간다는 건 힘과 깊이가 생긴 뿌리를 싹둑 잘라내고 새로운 땅으로 떠나겠다는 말이다. 우리는 강릉에 처음 왔던 때를 상기했다. 무일푼에 아는 사람 하나 없이 바다만 보고 강릉에 왔었다. 오래 힘들었지만 온전한 둘의 힘으로 강릉을 살아내는데 성공했다. 무모했던 그때의 우리를 떠올리며, 우리는 또 해낼 거라는 용기를 나눠 가졌다.

9년 전처럼 두근거리는 밤을 보냈다. 잠들기 전까지 혜원과 마주 앉아 경주의 부동산을 들락거렸다. 가용할 수 있는 예산을 계산기로 두드려가며 의견을 주고받았다. 강릉 집은 얼마에 내놓을지, 경주 집이 정해지면 가게 위치는 어디쯤이 좋을지. 보증금과 권리금, 월세는 어느 정도가 적당할지. 당장 내일이면 경주로 떠날 사람들처럼 현실의 과제를 치열하게 논의했다. 그냥 경주가 좋은 우리는 경주에서의 새로운 삶을 준비한다.

마치며

4개월간 3번의 경주 여행. 그 후 이야기

13일간의 다녀온 세 번의 경주 여행. 재미있으셨나요? 그동안 몰랐던 경주의 모습에 호기심이 잔뜩 생기셨나요? 벌써 여행을 준비하고 있으신가요?

여행이야기를 쓰는 게 여행 기록을 남기는 거라고 생각했었어요. 그걸 모아 책을 쓰려고 보니 그게 아니더라고요. 일 년간 몇 번의 퇴고를 거치며 제 글을 반복해서 읽었어요. 글 속의 저는 보기 드물게 아주 신나 있더라고요. 여행하며 만난 경주와 경주 사람. 저와 아내 혜원. 그리고 벼리에 관한 이야기들을 원 없이 떠들어댔죠. 제 부족함을 돌아볼 수 있어서, 혜원과 경주에 대한 사랑을 확인할 수 있어서 너무도 행복한 시간이었어요.

저희는 강릉의 집과 가게를 정리하기로 했어요. 마침내 경주로 이사를 결심한 거죠. 여러분이 이 책을 읽고 있을 즈음이면, 이미 경주시민으로 살고 있을지도 모르겠네요. 더 이상 여행자는 아니겠지만, 매일 사랑하며 살고 있기를 바라며 글을 마칩니다.

보너스 쿠키

지금. 2025년의 이야기

안녕하세요 여러분. 이제 정말 이 책의 마지막 이야기입니다. 끝까지 애정 있게 들어주셔서 진심으로 감사드립니다.

오늘은 2025년 5월 25일입니다. 여행의 날짜와는 거리가 좀 있죠? 사실 이 책은 여행에서 돌아온 한 달 뒤에 초고를 완성했습니다. 출간을 앞두고 생긴 이런저런 사정으로 일 년간 숙성기간을 가졌습니다. 덕분에 몇 번의 퇴고를 더 거쳐 드디어 세상에 꺼내 놓았습니다. 그러다 보니 에필로그를 써두고도 많은 시간이 흘러버렸네요. 제가 다녀온 가게들 중 몇 곳이 그만 문을 닫아버렸을 만큼요. 그사이 저희 부부에게도 큰 변화가 있었고요.

저와 아내 혜원은 지금 경주에 살고 있습니다. 작년 10월에 왔으니까 벌써 일곱 달이 지났네요. 집을 옮기는 건 일사천리로 진행했는데, 가게는 예상보다 준비 기간이 오래 걸려서 오픈까지 고생을 좀 했습니다. 아무튼, 저희도 가게도 다시 처음부터 시작입니다.

하나 더. 작년에 원고를 마무리했을 무렵. 벼리가 무지개다리를 건너갔습니다. 우리는 한동안 허우적거리지도 못하고 깊은 바닷속에 침잠하는 나날을 보냈습니다. 지금은 괜찮습니다. 쓰나미 같았던 슬픔은 이제 파도가 되었습니다. 이따금 밀려드는 바닷물이 우리의 발목을 적실 때마다 벼리를 생각합니다.

언제나 그립고 영원히 사랑하는 우리 벼리. 좋아하는 고기들 잔뜩 먹으면서 즐겁고 행복하게 지내고 있겠죠. 착한 순둥이 녀석이라 좋은 친구도 여럿 만들었겠네요. 가게 앞 고분과 푸른 잔디를 보면 평안의 들판을 마음껏 뛰어다닐 벼리가 생각납니다. 매일이요. 벼리와 다시 만나는 날까지 우리 부부도 행복하게 잘 지낼 겁니다. 또 보고 싶네요.

그냥, 경주가 좋아서

초판 1쇄 2025년 8월 1일

지은이 김민식
펴낸이 김혜원
펴낸곳 핍(FYIP)

편집 김민식
디자인 김혜원
표지 일러스트 황성희

출판등록 2025년 4월 29일 (제505-2025-000010호)
문의 fyipbooks@gmail.com
인스타그램 @fyipbooks

핍(FYIP)은 포스트카드 오피스(POSTCARD OFFICE)의 출판 브랜드입니다.

ISBN 979-11-993093-0-2 (03810)

※ 이 책의 판권은 지은이와 핍(FYIP)에 있습니다.
※ 이 책은 국제 저작권법에 의해 보호받습니다.
※ 책에 실린 글과 이미지의 무단 전재와 복제를 금합니다.
※ 책값은 뒤표지에 있습니다.
※ 파본은 구입하신 서점에서 교환해 드립니다.